Manfred Schmidt

Niederrhein

55 Highlights aus der **Geschichte**

Menschen, Orte und Ereignisse, die unsere Region bis heute prägen

SUTTON HEIMAT

Inhalt

Vorwort

Der Niederrhein ist eine faszinierend vielseitige Region. 55 Highlights aus der Geschichte auszuwählen, ist höchstens deshalb eine Herausforderung, weil es so viele spannende Geschichten zu erzählen gibt. Nun, bei der Recherche ist das Filtern der 55 Highlights dann aber doch nicht die einzige Herausforderung. Denn jeder, der sich mit dem Niederrhein befasst, stellt sich früher oder später die Frage: „Gehört dieses Highlight wirklich zum Niederrhein? Und überhaupt – der Niederrhein, wo ist das eigentlich?“

Ja, wo fängt der Niederrhein an und wo endet er? Es gibt, ausgenommen im Norden und Westen zur niederländischen Staatsgrenze hin, keine fest umrissene geografische Begrenzung des Gebietes. Die Region bildet keine permanente Einheit – weder historisch, noch politisch, geologisch oder kulturell. So fühlt sich der eine Duisburger noch als Niederrheiner, der andere ist mehr dem Ruhrgebiet zugeneigt. Bei dieser nicht genau definierten Grenze kommt es also auch darauf an, welche Gebiete des Niederrheins von der Bevölkerung als Niederrhein empfunden werden. Ein Tipp: Wenn Ihnen auf diese Frage mit der klassisch niederrheinischen Floskel: „Dat is Ansichtssache“ geantwortet wird, dann befinden Sie sich mit großer Sicherheit in dieser Region.

Wenn Sie Ihrem guten Freund vom anderen Ende der Republik erklären wollen, was den Niederrhein eigentlich ausmacht, sollten Sie nicht zu viel Zeit auf eine Definition der Region verwenden, sondern schnell zu den Geschichten, Emotionen, Leistungen, Besonderheiten und auch Kuriositäten springen, die den Niederrhein so beeindruckend und lebenswert machen: Da sind zum einen der Karneval und die Lebensfreude der Menschen am katholischen Niederrhein. Denn wem seine Verfehlungen mit der Beichte vergeben werden, der kann wohl entspannter und freudiger durchs Leben gehen. Von Mönchengladbach über Neuss, Düsseldorf und Duisburg bis nach Dülken und Kleve feiert der Niederrheiner beschwingt und mit vollem Ernst das Karnevalsfest. Der Niederrhein ist darüber hinaus reich an Mythen. Ja, damit ist auch das große, mythische deutsch-italienische Fußballereignis gemeint, bei dem Borussia Mönchengladbach auf Inter Mailand stieß. Die Fohlenfans unter uns werden mit Sicherheit schon einmal vom legendären Büchsenwurf gehört haben. Von einem weiteren Mythos haben viele Niederrheiner aber noch nicht gehört. Oder kennen Sie die Geschichte von Peter Stump, dem Werwolf vom Niederrhein? Nein? Dann sollten Sie sich dieses abenteuerliche Highlight nicht entgehen lassen.

Der Niederrhein steht aber für mehr als Karneval und Mythen. Er steht für eine stolze Industriegeschichte ebenso wie für die noch immer wichtige Landwirtschaft (und äußerst leckeren Spargel!). Der Niederrhein steht für eine intensive deutsch-niederländische Freundschaft und für Grenzstädte, in denen in enger Nachbarschaft so einige Kuriositäten zu finden sind. Und der Niederrhein steht für das Nachspüren

Das Klever Tor in Xanten.

unserer Geschichte. Das Römermuseum in Xanten bietet Ausflüge in die Antike. Die Fossa Eugeniana und der Nordkanal – zwei nie vollendete Wasserstraßen – sind Zeugen historisch herausragender Ingenieurskunst. Die zahlreichen gut erhaltenen Burgen, Klöster und Festungen erlauben Einblicke in das Leben des Mittelalters am Niederrhein.

Die Menschen vom Niederrhein leben gerne hier. Dieses Buch bietet mit seinen 55 Highlights auch für denjenigen, der „von hier kommt" einige Überraschungen. Und ganz sicher zeigen die Highlights, warum es sich so gut am Niederrhein leben lässt.

Manfred Schmidt

1 Kleine Blechdose, große Wirkung
Der Büchsenwurf vom Bökelberg

Roberto Boninsegna – ein Name, der den Fans der Gladbacher Borussia noch heute die Zornesröte ins Gesicht treibt. Der Mittelstürmer von Inter Mailand war Anlass für die Sprachschöpfung „Büchsenwurfspiel", eines der großen, mythischen deutsch-italienischen Ereignisse.

Gemeint ist das im Italienischen „Partita della Lattina" genannte Europapokalspiel Borussia Mönchengladbach gegen Inter Mailand auf dem Bökelberg am 20. Oktober 1971. Beim Spielstand von 1:2 gegen seine Mannschaft wurde der (Schau-)Spieler Boninsegna leicht von einer halbleeren Getränkedose gestreift. Der Spielstand und die großartige Tagesform der Borussia veranlassten den Inter-Stürmer, wie ein Fallbeil zu Boden zu stürzen – ganz so, als hätte ihn Münchhausens Kanonenkugel zielgenau getroffen.

In der Waagerechten, mit einem Blick, als käme er aus dem Vorhof der Pathologie, markierte er auf Befehl seines Kapitäns so lange den toten Mann, bis die Sanitäter ihn vom Platz trugen. Günter Netzer & Co. knackten den gefürchteten Catenaccio, den italienischen Abwehrriegel, mit einer im wahrsten Sinne des Wortes „spielerischen" Leichtigkeit. Die Partie endete 7:1 für die Fohlenelf, war aber Makulatur, weil die UEFA das Spiel annullierte. Bei einem Wiederholungsspiel in Berlin kamen die Gladbacher nicht über ein 0:0 hinaus. Das reichte jedoch nicht aus, um das zwischenzeitliche 2:4 in Mailand auszugleichen. Die Borussia war aus dem Wettbewerb ausgeschieden.

Ludwig „Luggi" Müller, Vorstopper der damaligen Borussia, erzählte später: „Ich habe gesehen, wie die Dose Boninsegna an der Schulter traf. Zunächst schaute er nur ganz verdutzt. Dann kam Inter-Kapitän Sandro Mazzola auf ihn zugestürmt und rief, er solle sich fallen lassen. Und schon sank er wie vom Blitz getroffen zu Boden. Dabei war die Dose so gut wie leer. Das habe ich gemerkt, als ich sie Richtung Bande gekickt habe. Boninsegna wollte aufstehen, doch ein Inter-Masseur drückte ihn immer wieder zu Boden. Dann ließ er sich auf einer Trage abtransportieren. Wir haben aber gesehen, dass er dabei noch seinen Mitspielern zugezwinkert hat. Es war eine große schauspielerische Leistung." Sogar der niederländische Schiedsrichter Jef Dorpmans war von der Schauspieleinlage überzeugt: „Er spielte tot. Und ich weiß genau, dass er nichts hatte, aber ich konnte es nicht beweisen." Boninsegna beteuert bis heute seine Unschuld. In einem Interview mit dem WDR sagte er: „Die Deutschen glauben mir das bis heute nicht. Die Büchse traf mich am Kopf. Ich war 15 bis 20 Sekunden bewusstlos."

Die Legendenbildung um den Büchsenwurf wird durch die Tatsache verstärkt, dass es nur ganz wenige Bilder vom Spiel gibt. Verhandlungen über eine Liveübertragung waren gescheitert. Ein paar Filmschnipsel zeigen nur die Gladbacher Tore.

Die Büchse vom Bökelberg, das bekannteste Stück Blech der Sportgeschichte, ist ausgestellt in der FohlenWelt, dem Vereinsmuseum von Borussia Mönchengladbach.

An seiner Schauspielkarriere arbeitete Boninsegna nach seiner aktiven Zeit weiter. 1984 spielte er eine Rolle in dem Film „Keiner haut wie Don Camillo“ gemeinsam mit Terence Hill. Hier flogen zu seinem Glück keine Dosen, sondern die Fäuste.

Tipp: Immer darauf achten, wohin man seine leere Dose wirft …

2 Dr. Jekyll und Mr. Hyde vom Niederrhein
Der Werwolf Peter Stump

In Transsylvanien lauert er hinter jeder Ecke: Dracula, der bekannteste Vampir der Welt. Bekanntschaft mit Zombies macht man besonders häufig auf der Karibikinsel Haiti. Und Werwölfe gehören in die schottischen Highlands, aber nicht in den Rhein-Erft-Kreis in Nordrhein-Westfalen – oder doch?

Jenes klassische Halbwesen, das sich in einen Wolf verwandeln kann und mit dem Teufel im Bunde steht? Dieses rachsüchtige Monster, das bei Tage nicht von einem normalen Menschen zu unterscheiden ist? Das aber nachts, getrieben von der Gier nach menschlichem Blut und Fleisch, als grimmige Tiergestalt durch dunkle Moore und finstere Täler streift? Eines dieser Furcht einflößenden Exemplare soll sich im 16. Jahrhundert tatsächlich im Rhein-Erft-Kreis herumgetrieben haben. Nach Meinung der damaligen Justiz hatte der Bauer Peter Stump aus Epprath, genannt Stubbe-Peter, innerhalb von 25 Jahren in der Gestalt eines Werwolfs mindestens 16 Morde begangen. Außerdem beschuldigte ihn das Gericht der Zauberei und des Zusammenlebens mit einer Teufelin. Am 28. Oktober 1589, in einer Zeit, in der die verblendeten Gerichte Hunde, Hähne und sogar Glocken zum Tode verurteilten, wurde Peter Stump für schuldig befunden und wenige Tage später durch Rädern und Enthauptung hingerichtet. Der Fall rief damals großes Interesse und Faszination hervor und war weit über sprachliche, politische oder zeitliche Grenzen hinaus bekannt.

Ob sich der Vorfall tatsächlich so ereignete, ist aufgrund der problematischen Quellenlage schwer zu beweisen. Dafür sprechen die unterschiedlichen zeitgenössischen Publikationen wie Flugblätter, die den Fall mehr oder weniger genau beschrieben. Dagegen könnte die damalige konfessionelle und politische Situation sprechen. Einige Stellen glauben, die Hinrichtung des Protestanten Peter Stump wäre ein gegenreformatorisches Exempel gewesen. Andere vermuten, dass die Verbrechen, die Peter Stump nachgesagt wurden, nicht ihm, sondern der damaligen politischen Lage zuzuschreiben wären. Bedburg und seine Umgebung waren Schauplatz kriegerischer Auseinandersetzungen. Viele Söldner waren ohne Lohn und terrorisierten die Bevölkerung. So könnte aufgrund der zeitlichen Überschneidung ein Zusammenhang bestehen und die Verbrechen, die das Gericht Peter Stump anlastete, in Wirklichkeit von Soldaten und Söldnern der Kriegsparteien begangen worden sein.

Der Fall des sogenannten Werwolfs Peter Stubbe aus Epprath hat bis heute, 430 Jahre nach den Ereignissen, nichts von seiner Faszination verloren. Davon zeugen populärwissenschaftliche Forschungen, Ausstellungen, journalistische Publikationen und eine häufige Verwendung des Themas in der Fantasy-, Kriminal- oder Historienliteratur.

Wie geht eine moderne Stadt mit dieser Geschichte um? Die Mitglieder des Vereins für Geschichte und Heimatkunde

Der ausgeschilderte Werwolf-Wanderweg informiert auf sieben Stationen mit Infotafeln über das Leben und Sterben des Bauern Peter Stubbe.

in Bedburg haben das tragische Leben des Peter Stubbe untersucht und mit ihrem Wissen den Werwolf-Wanderweg gestaltet, der zu den Schauplätzen seines Lebens führt und sein Leben an sieben Stationen anhand von Infotafeln beleuchtet. Letztendlich muss aber vieles, was den Fall des Werwolfs von Epprath betrifft, Spekulation bleiben.

Werwölfe – im Buch und im Film, okay. Aber im Alltag gibt es keine Werwölfe. Jeder weiß, dass es keine gibt. Es sei denn, man spaziert nachts durch Epprath. Wer dann seine Ohren spitzt und genau hinhört, kann vielleicht sein Jaulen vernehmen …

3 Die abschließbare Insel
Schenkenschanz

Wie bitte? Schenkenschanz ist eine Insel? Na ja, manchmal. Manchmal – ja was denn nun? Der Reihe nach: Das Dörfchen ist der kleinste Stadtteil von Kleve. Es liegt auf der Rheinhalbinsel Salmorth, zwischen dem Zusammenfluss von Rhein und Altrhein, fast genau dort, wo der Rhein in die Niederlande fließt und zur Waal wird. Dadurch ist Schenkenschanz eine Halbinsel.

Als „die letzte Hallig vor Hooge“ bezeichnete der Kabarettist Hanns Dieter Hüsch das kleine Örtchen. Und wie alle Halligen liegt Schenkenschanz die meiste Zeit malerisch in der Natur. Nur bei Hochwasser, wenn der Rhein über seine Ufer tritt, wird Schenkenschanz zum echten Eiland, zu einer „Insel auf Zeit“ und ist dann nur noch mit der Fähre erreichbar. Hat das Hochwasser einen kritischen Punkt erreicht, stellt auch der Fährmann seinen Betrieb zum „Festland“ ein. Dann sind die Schänzer, so nennen sich die Bewohner von Schenkenschanz, von der Umwelt isoliert und froh, dass sie von Schutzmauern und Deichen umgeben und somit vor der Überflutung geschützt sind. Schenkenschanz ist dann ein friedlicher Ort der Stille. Aber auch sonst geht es hier beschaulich zu. Das war nicht immer so. Die Schanz, wie sie liebevoll bezeichnet

wird, hat nämlich eine beeindruckende Geschichte.

Die Schenkenschanz wurde 1586 im Achtzigjährigen Krieg (auch Spanisch-Niederländischer Krieg) als Festung gegen die Spanier in der Gabelung von Rhein und Waal von Martin Schenk von Nideggen erbaut. Martin Schenk war ein in spanischen, niederländischen und kurkölnischen Diensten stehender Söldnerführer, der im 16. Jahrhundert maßgeblich an den kriegerischen Auseinandersetzungen im Rheinland beteiligt war. Im Auftrag des Grafen Leicester ließ er 1586 eine Schanze auf der klevischen Landspitze 's Grevenward errichten, die eine sichere Ausgangsbasis für alle künftigen niederländischen Unternehmungen am Niederrhein bildete. Nach ihrer Fertigstellung hieß sie zunächst Vossenhol, wurde dann aber nach ihrem Erbauer in Schenkenschanz umbenannt. Schon bald entwickelte sie sich zur stärksten Grenzfeste der Republik der Sieben Vereinigten Niederlande gegen die spanischen Landesherren. Die Schenkenschanz gehörte Ende des 16. Jahrhunderts zu den größten Festungen Europas. Der Bau war wegen seiner strategischen Lage von großer Bedeutung und als Tor zu den Niederlanden lange Zeit uneinnehmbar. Das hielt aber keine der Kriegsparteien davon ab, hier mehrere blutige Schlachten zu führen. Schließlich wurde die Festung während des Niederländisch-Französischen Krieges (1672–1678) von Soldaten des Sonnenkönigs Ludwig XIV. erobert. Später gelangte die Schenkenschanz in brandenburg-preußische Hände. In dieser Zeit ließ Kurfürst Friedrich Wilhelm die Festungsanlagen schleifen. Durch Verlagerungen des Rheins wurde die Festung zur Insel, bis sie schließlich im frühen 18. Jahrhundert durch Versandung des Rheinlaufes und erneute Veränderung des Flusslaufes ihre strategische Bedeutung ganz verlor. Von da an konnte sich Schenkenschanz zu einem friedlichen und ruhigen Dorf entwickeln. Vom ehemaligen Festungscharakter zeugen mittlerweile nur noch indirekt die jetzigen Hochwasserschutzanlagen.

Schenkenschanz von Norden her gesehen: im Hintergrund der Altrhein mit der Fähre.

Heute wird die Schanz besonders am Wochenende von zahlreichen Ausflüglern besucht. Diese fühlen sich, wenn sie durch das Fluttor den Ort betreten, in eine frühere Zeit versetzt. Die Halbinsel hat zu allen Jahreszeiten ihren besonderen Charme. Auch in der kälteren Jahreszeit wird die Schanz gerne aufgesucht, wenn Wildgänse aus sibirischen Gefilden hier überwintern und auf den Wiesen um die Schanz mit tausendfachem Geschnatter Nahrung suchen.

Das Schutztor in der Schutzmauer um Schenkenschanz wird bei Hochwasser geschlossen. Dann wird das Dorf zur Insel – zur abschließbaren Insel.

4 Nichts für den Vorgarten
Der Park der Mammutbäume in Nettetal

Mammutbäume gehören zu den ältesten und höchsten Bäumen der Erde. Die eindrucksvollen Riesen werden bis zu 3.800 Jahre alt. Bei einem Stammdurchmesser von zwölf Metern können sie eine Höhe von über 100 Metern erreichen. Eine Eiche schafft höchstens die halbe Strecke.

Die Heimat dieser Giganten ist Kalifornien. Aber sie stehen auch an Orten, an denen man sie nicht unbedingt erwartet. Mammutbäume wachsen auch am Niederrhein, wo gleich drei verschiedene Arten auf dem Gelände der Sequoiafarm in Nettetal zu bewundern sind. Die Gattungsbezeichnung Sequoia stammt von dem österreichischen Botaniker Stephan Ladislaus Endlicher, der den Namen höchstwahrscheinlich zu Ehren des Erfinders der Cherokee-Silbenschrift, Sequoyah, wählte.

Nach dem Ende des Zweiten Weltkrieges war der Grenzwald größtenteils zerstört. Im Rahmen der Wiederaufforstung zu Beginn der 1950er-Jahre begann das Zahnarzt- und Gehölzkundler-Ehepaar Martin mit der ersten systematischen Mammutbaum-Anzucht in Europa. Mit Unterstützung der Deutschen Forschungsgemeinschaft wollten sie feststellen, ob Sequoiadendron giganteum, der Riesen- oder Bergmammutbaum, für die deutsche Forstwirtschaft geeignet ist.

Auf ihrem Farmgelände im Kaldenkirchener Grenzwald pflanzten sie zunächst auf einer kleinen Fläche Sämlinge des Bergmammutbaums aus. Ab 1952 wurde zusätzlich mit der Anzucht des Küstenmammutbaums begonnen. Diese Art erreicht in Kalifornien eine Höhe von bis zu 115 Meten, kommt jedoch nicht so gut mit dem vorwiegend kühlen Kontinentalklima in Deutschland zurecht. Durch Selektion erreichten die Küstenmammutbäume in Nettetal eine erhöhte Frosttoleranz. Heute stehen Exemplare auf dem Gelände, die bereits bis zu 40 Meter hoch sind. Auch die dritte Art, der Urwelt-Mammutbaum, findet sich auf der Sequoiafarm. Diese Spezies galt als ausgestorben, bis 1941 zwei lebende Exemplare dieser gewaltigen Bäume in China gefunden wurden.

Parallel zur Anzucht der Mammutbäume begann das Ehepaar, seltene Gehölze aus aller Welt zu sammeln und ein Arboretum anzulegen. Ein Arboretum ist eine Sammlung verschiedenartiger, oft auch exotischer Gehölze. Viele Jungpflanzen wurden von Nettetal aus in private und staatliche Forste verschickt. Eine biologische Station unter der wissenschaftlichen Leitung der Gesamthochschule Essen forscht hier in verschiedenen Fachgebieten.

Der 3,5 Hektar große botanische Garten gehört heute dem Verein Sequoiafarm e.V., dessen Mitglieder sich um den Erhalt des Arboretums kümmern. Neben den Baumriesen hegen sie noch weitere 300 seltene Gehölzarten, wie die Kobushi-Magnolie aus Japan, die Südbuche (Nothofagus), die kalifornische Flusszeder, den Szechuanpfeffer aus Zentralchina oder das Mammutblatt aus dem Süden Brasiliens. 2014 wurden Langlebige Kiefern gepflanzt (Pinus longaeva). Kaum ein anderer Baum wird so alt wie diese Kiefernart. Damit ist der immergrüne Baum einer der langlebigsten Organismen. Eines der ältesten Exemplare, Methusalem genannt, steht in den White Mountains im US-Bundesstaat Kalifornien. Eine Zählung seiner Jahresringe in einem kleinen Bohrkern ergab im Jahr 2002 ein Alter von 5.062 Jahren. Ob die Voraussetzungen für die Kiefern auf der Farm in Nettetal geeignet sind, ein ähnlich biblisches Alter zu erreichen, wird sich herausstellen – wir werden nachrechnen …

Das Arboretum ist von April bis Oktober sonn- und feiertags von 10 bis 17 Uhr geöffnet.

Baumlang: Mammutbäume auf der Sequoiafarm in Nettetal.

5 „Denk ich an Deutschland in der Nacht …“
Heinrich Heine

Heinrich Heine gehört zu den bedeutenden deutschen Schriftstellern, Dichtern und Journalisten des 19. Jahrhunderts. Er war ein gleichermaßen beliebter wie angefeindeter Wegbereiter der Moderne. Heine ist der meistvertonte deutsche Dichter und gilt heute im Ausland neben Goethe als wichtigster deutscher Lyriker.

Am 13. Dezember 1797 wurde Heinrich Heine als Harry Heine in Düsseldorf geboren, wobei das Geburtsdatum nicht amtlich dokumentiert ist. Heines Vater war der jüdische Schnittwarenhändler Samson Heine, seine Mutter war Betty (Peira) Heine, geborene van Geldern. Den Namen Heinrich trug er erst ab 1825, nach seinem Übertritt zum evangelischen Glauben.

Heine wuchs mitten in der heutigen Düsseldorfer Altstadt, in der Bolkerstraße auf und verlebte dort eine insgesamt glückliche Kindheit. Wenn Heine später in seinen Schriften über Düsseldorf schreibt, dann zumeist in einem freundschaftlichen Ton. Düsseldorf ist neben Paris die einzige Stadt, die er nie verspottet hat. In seinem Werk „Ideen. Das Buch Le Grand“ schreibt er über seine Heimatstadt: „Die Stadt Düsseldorf ist sehr schön, und wenn man in der Ferne an sie denkt und zufällig dort geboren ist, wird einem wunderlich zumute. Ich bin dort geboren, und es ist mir, als müsste ich gleich nach Hause gehen. Und wenn ich sage, nach Hause gehen, so meine ich die Bolkerstraße und das Haus, worin ich geboren bin.“

Heine, Heimat und Heimatland, das Rheinische und die Nation – ein schwieriges Kapitel, dessen Inhalt von Sehnsucht und Liebe, von Verlust, Verrat und Hass berichtet. Heine war ein kritischer, politisch engagierter Journalist, scharfzüngiger Literat, Satiriker, Polemiker und Spötter. Als solcher wurde er ebenso bewundert wie gefürchtet. Das führte dazu, dass ab Mitte der 1830er-Jahre die preußische Zensur alle seine bis dahin erschienenen Werke und zukünftigen Publikationen im Bereich des Deutschen Bundes verbot. Frustriert und enttäuscht über die Verhältnisse im nachnapoleonischen Deutschland und angezogen von der Julirevolution des Vorjahres in Frankreich, übersiedelte Heine im Mai 1816 nach Paris. Dort verbrachte er seine zweite Lebenshälfte. Den Unterhalt verdiente Heine als Korrespondent für deutsche Zeitungen und französische Journale. Er fand schnell Kontakt zu den in Paris lebenden Größen des europäischen Kulturlebens wie Balzac, Chopin, Dumas, Victor Hugo, Liszt, Nerval, George Sand und Alexander von Humboldt.

Es fällt schwer, Heines Werk einer literarischen Epoche zuzuordnen. Dazu sind seine Arbeiten zu vielfältig. Sie umfassen lyrische Texte aller Art und Prosa, aber auch polemische Streitschriften sowie journalistische Kritiken. Seine Dichtung geht zwar aus der Romantik hervor, doch

Heinrich Heine, Gemälde von Moritz Daniel Oppenheim, 1831.

schon früh fühlte sich der Dichter als Überwinder genau dieser Strömung. Die Gedanken des Vormärz finden sich in seinen Arbeiten ebenso wieder wie die Elemente der Aufklärung und des Realismus. Seine Werke „Deutschland. Ein Wintermärchen“, „Romanzero“ und „Die Götter im Exil“ sind Meisterwerke der modernen deutschen Dichtung. Die volksliedhaften Gedichte, Feuilletons und Reiseberichte sind künstlerische Kostbarkeiten.

Nur noch zweimal, 1843 und 1844, fuhr Heine nach Hause. Auf einer dieser Reisen schrieb er in seinen „Nachtgedanken“ die berühmten Zeilen: „Denk ich an Deutschland in der Nacht, dann bin ich um den Schlaf gebracht.“

Im Februar 1856 starb Heinrich Heine nach jahrelanger Krankheit und Bettlägerigkeit in seiner „Matratzengruft“. Er wurde auf dem Friedhof von Montmartre in Paris beigesetzt. Heines Selbstdiagnose zufolge, die von zahlreichen Biografen übernommen wurde, litt er an Syphilis. Dagegen spricht aber, dass seine geistige Schaffenskraft in den qualvollen Jahren des Krankenlagers nicht nachließ und er bis zuletzt bei klarem Verstand blieb. Das ist für eine syphilitische Erkrankung in diesem Stadium untypisch. Darum werden heute sowohl eine komplexe tuberkulöse Erkrankung als auch eine chronische Bleivergiftung und die beiden neurologischen Erkrankungen Multiple Sklerose und eine Amyotrophe Lateralsklerose als Todesursache diskutiert.

Kein anderer Meister der deutschen Literatur wurde, vor allem nach seinem Tod, derart zum Gegenstand von Hass und Verfolgung. Von einem Totalverbot während des Nationalsozialismus über geradezu lächerliche Streitereien um Heine-Denkmäler bis hin zur jahrelangen Ablehnung der Benennung der Düsseldorfer Universität nach Heinrich Heine. Dies hat sich inzwischen grundlegend geändert. Heute erfreut sich Heine bei (fast) allen Lesern und Gelehrten größter Beliebtheit.

6 Hopp, hopp, hopp im Galopp
Die Narrenmühle in Dülken

Die Narrenmühle im Viersener Stadtteil Dülken am linken Niederrhein ist eine geschlossene Bockwindmühle. Das ursprünglich drehbare, kastenförmige Mühlenhaus ruht auf einem Bock, der mit einem runden Steinbau eingefasst ist. Die 1809 erbaute Windmühle gilt als Wahrzeichen von Dülken.

Bis 1950 war die Mühle als Kornmühle in Betrieb, was durch die dort liegenden Mahlsteine bezeugt ist. Im selben Jahr wurde die Mühle an die „Dülkener Narrenakademie, die berittene Akademie der Künste und Wissenschaften und die erleuchtete Mondsuniversität“ abgegeben. Die Narrenakademie hat eine lange Tradition. Ihre Mitglieder waren früher hauptsächlich Akademiker, Kaufleute und Stadträte. Vor mehr als 450 Jahren, zur Zeit des auf Veranlassung von König Sigismund abgehaltenen Konstanzer Konzils (1414–1418), verkündete Herzog Adolf II., dass „... nun die Bürger unserer getreuen Stadt Dülken des Narrentums nicht länger ledig gehen wollen und eine bürgerliche Akademie gründen.“ Erst um 1554 fand die proklamierte Gründung der „erleuchteten Mondsuniversität“ (Illuminata universitas lunaris) tatsächlich statt, an der Hofnarren akademische Grade erlangen konnten.

Am Elften im Elften reiten die Dülkener Jecken alljährlich auf hölzernen Steckenpferden um ihre Narrenmühle und eröffnen damit die Dülkener Karnevalssession. Die Narrenakademie wird deshalb häufig mit dem Karnevalsbrauch in Verbindung gebracht. Tatsächlich ist sie aber keine karnevalistische Gesellschaft und hat erst in zweiter Linie etwas damit zu tun. Zuerst war die Mondsuniversität eine Parodie auf die Geistlichkeit und die übertriebene Wichtigtuerei der Gelehrten einschließlich ihrer veralteten Bräuche der damaligen Zeit. Man gab sich lateinische Namen, überzogene Titel und akademische Würden. So hieß die Dülkener Akademie im lateinischen Text „Cacademico Dülkeniano“ (= Dülkener Kakademie).

In Paragraf 2 der Statuten für die berittene Akademie der Künste und Wissenschaften ist festgelegt: „Zweck (ist) froher Lebensgenuss in den Erholungsstunden. In den Versammlungen sollen nur solche Gegenstände zur Sprache gebracht werden, welche geeignet sind, ein frohes Gemüth, gesundes Blut, guten Appetit, ruhigen Schlaf, mithin Gesundheit der Seele und des Körpers befördern und die Herzen zu gegenseitiger Achtung, Freundschaft und geselliger Eintracht zu ermuntern; unter die akademischen Verhandlungen gehört nur das, was unschuldige Freude und Scherz hervorruft, sowie dasjenige, welches zur Vermehrung gemeinnütziger Kenntnisse beiträgt.“ Über die Unterhaltung während der Zusammenkünfte ist nachzulesen: „Vorträge (sollen) ernst und komisch, jedoch ohne Verletzung des Anstands“ sein.

Der beschriebene närrische Ritt auf dem Steckenpferd um die Mühle kann als Tradition bis ins 18. Jahrhundert

Die Dülkener Narrenmühle. Unten der Eingang zum Museum der Narrenakademie.

zurückverfolgt werden. Er war einst eine Verspottung von Akademikern und anderen Würdenträgern. Heute blicken die Senatoren der Akademie bei dem lustig anzusehenden Ritt auf sich selbst. Dabei lautet ihr Motto: „Wer sich auf das Steckenpferd schwingt, der überwindet die Ichsucht, setzt sich über Alltagskram und Kleinbürgerlichkeit hinweg und nimmt die Schwächen seiner selbst und seiner Mitmenschen mit Humor und damit mit Toleranz".

Die Dülkener Narrenakademie, eine weltweit absolut einzigartige Vereinigung, betreibt im unteren Teil der Mühle ein Narrenmuseum. Hier sind alte Orden, Fahnen, Hüte und Bücher als Zeugnisse der langen Geschichte der Dülkener Narrenakademie ausgestellt. Auch seltene Exponate, wie ein Stück Mondgestein, das von dem Ehrenmitglied Neil Armstrong persönlich zur Verfügung gestellt wurde, und – eine absolute Rarität – „Beamtenschweiß" wird hier präsentiert. Im oberen Teil der Mühle, im sogenannten Weisheitssaal, halten die Narren ihre Sitzungen ab; hier finden auch die Treffen der Senatoren statt. Die Narrenakademie ist die einzige Gesellschaft, die den niederrheinischen Humor wissenschaftlich prägt. Höhepunkt im akademischen Leben ist nach wie vor die Ernennung zum „Dr. humoris causa".

Das Narrenmuseum ist von Mai bis September jeden Sonntag geöffnet.

7 Tief im Westen
Isenbruch, westlichster Punkt der Republik

Der westlichste Punkt Europas ist die Azoreninsel Ilhéu do Monchique. Schön zu wissen. Bei der Gelegenheit stellt sich die Frage, wo ist eigentlich der westlichste Zipfel Deutschlands? Der befindet sich in der Region Selfkant, direkt an der niederländischen Grenze, „eingeklemmt“ zwischen den niederländischen Städten Susteren im Norden und Sittard im Süden.

Im äußersten Westen des Kreises Heinsberg liegt die Ortschaft Isenbruch. Etwa 1,4 Kilometer nordwestlich davon, an der Kreisstraße K 1, direkt nördlich von Haus Groevenkamp, befindet sich Deutschlands „Land’s End“. Somit beherbergt das Dorf gleich fünf Extrempunkte: Es ist der westlichste Ort Deutschlands und Nordrhein-Westfalens, der westlichste Punkt des Kreises Heinsberg, des Regierungsbezirks Köln und auch der Gemeinde Selfkant. Mehr Westen geht nicht. Diese extreme Randlage besteht nicht erst seit gestern. Schon vor den Grenzverschiebungen nach dem Ersten Weltkrieg bei Eupen und Malmedy galt Isenbruch als der westlichste Punkt Deutschlands. So

könnte man mit Remarque feststellen: „Im Westen nichts Neues!“ Aber das stimmt nicht ganz. 2015 wurde der westlichste Punkt Nordrhein-Westfalens, bisher gut verborgen, als Erlebnisraum Westzipfel zur touristischen Attraktion herausgeputzt und rückt damit als Reiseziel ins Rampenlicht. Hier werden Kenntnisse über die wechselvolle Geschichte des Selftkants vermittelt, insbesondere über die Zeit nach dem Zweiten Weltkrieg. Damals wurde der größte Teil des Selfkants, wie auch der Ort Elten und etwa 20 weitere kleine deutsche Gemeinden von den Niederlanden gewissermaßen als Reparationszahlungen annektiert und unter deren Verwaltung gestellt. Viele Selfkänter haben sich in dieser Zeit „etwas nebenbei verdient“. Nylonstrümpfe, Kaffee, Tee und natürlich Rauchwaren gehörten zur Schmuggelware. Erst 20 Jahre später, im Tausch gegen 280 Millionen D-Mark, kamen der Sefkant und seine Bewohner wieder zurück nach Deutschland. In den Ortschaften Elten und Selfkant sind die Spuren der niederländischen Verwaltung heute noch sichtbar.

Auf dem Bohlensteg am Rodebach entlang geht es zum Westzipfel.

Zipfel statt Gipfel

Wenn es am flachen Niederrhein schon keine überragenden Gipfel gibt, dann eben zumindest diesen Westzipfel. Ein Blick in die anderen Himmelsrichtungen zeigt, das List auf Sylt im Norden, Oberstdorf in Bayern im Süden und Görlitz in Sachsen im Osten die anderen äußersten Enden Deutschlands markieren. Gemeinsam mit dem Selfkant sind sie im Zipfelbund zusammengeschlossen. Das Bündnis entstand während der zentralen Feierlichkeiten zum Tag der Deutschen Einheit 1999 in Wiesbaden. Für Gäste, die alle vier Orte bereist haben, gibt es den sogenannten Zipfelpass. Auch Prominenz aus Politik, Wissenschaft, Sport und Kultur wurden zum Zipfelstürmer und sind inzwischen Inhaber dieses originellen Ausweises.

Im Schweinsgalopp durch drei Länder

Der Westzipfel hat noch eine weitere Kuriosität in petto: Eine Dreiländerfahrt in Rekordzeit. Wer mit dem Auto an der niederländisch-deutschen Grenze in Isenbruch startet und sich direkt zur niederländischen Gemeinde Susteren begibt, um von dort sofort weiter ins belgische Städtchen Maaseik zu fahren, hat am Ende für diese Dreiländerfahrt mit Ortsgeschwindigkeit höchstens zwölf (!) Minuten benötigt.

8 „Die Mutter der Bedrängten“ Luise Albertz

Luise Albertz war die Tochter des sozialdemokratischen preußischen Landtagsabgeordneten Hermann Albertz. Im Zuge der sogenannten Aktion Gitter, einer Verhaftungswelle der Gestapo, die sich gegen Politiker der Weimarer Parteien richtete, wurde er festgenommen und im KZ Bergen-Belsen ermordet. Sein Satz „Das moralisch Richtige kann niemals das politisch Falsche sein“, prägte das gesamte Leben von Luise Albertz.

Luise Albertz wurde am 22. Juni 1901 in Duisburg geboren. Nach dem Besuch der Volks- und Handelsschule machte sie eine Lehre bei der Stadtverwaltung Oberhausen (Rheinland). Danach war sie von 1921 bis 1933 Filialleiterin bei den „Neuesten Nachrichten“ und von 1934 bis 1939 Devisenbuchhalterin. Schon früh engagierte sie sich in der Arbeiterbewegung und war bereits als Jugendliche Mitglied der Sozialistischen Arbeiter-Jugend, der sie bis 1921 angehörte. Danach trat Luise Albertz der SPD bei, deren Mitglied sie bis zur Auflösung der Partei durch die Nationalsozialisten im Jahr 1933 war. 1939 wurde sie als Sachbearbeiterin im städtischen Fürsorge- und Wohlfahrtsamt der Stadt Oberhausen dienstverpflichtet. Nach dem Krieg arbeitete sie weiterhin in der Oberhausener Stadtverwaltung und war von 1945 bis 1946 Sekretärin des Oberbürgermeisters.

Luise Albertz machte durch die Übernahme wichtiger Ämter eine schnelle politische Karriere. Die ehrgeizige Sozialdemokratin wurde Mitglied des SPD-Ortsvereinsvorstandes und des Kreisvorstandes des Deutschen Gewerkschaftsbundes. 1946 folgte die Wahl in den Rat der Stadt Oberhausen, von dem sie zur Oberbürgermeisterin gewählt wurde. Damit war sie die erste Frau an der Spitze einer deutschen Großstadt. Von November 1956 bis zu ihrem Tod im Februar 1979 war sie zum zweiten Mal Oberbürgermeisterin der Stadt Oberhausen. In dieser Eigenschaft formte Albertz die Stadt sowohl in der schweren Zeit nach dem Krieg als auch in den kritischen Jahren der Kohle- und Stahlkrise. „Diese Stadt zu einer Heimat zu machen für alle, die hier leben, darin sehe ich meine vordringlichste Aufgabe“, lautete ihre Maxime. Diesem Grundsatz blieb Albertz ihr Leben lang treu, was die Bevölkerung Oberhausens mit Respekt, Bewunderung und tiefer Zuneigung würdigte. Nach ihrer Wiederwahl zur Oberbürgermeisterin 1956 sagte sie: „Sie wissen, dass ich ein Kind der Arbeiterstadt Oberhausen bin und Tochter eines Arbeiters. Nie werde ich meinen Ursprung und meine Überzeugungen jemals verleugnen.“

Ihr Engagement für die Menschen und ihre Partei beschränkte sich aber nicht nur auf die Kommunalpolitik Oberhausens. Sie besetzte zahlreiche landes- und bundespolitische Ämter. Von 1947 bis 1948 war sie stellvertretendes Mitglied im Zonenbeirat der Britischen Zone und übernahm Mandate im Rundfunkrat wie

Luise Albertz war als Oberbürgermeisterin von Oberhausen die erste Frau an der Spitze einer Großstadt.

im Verwaltungsrat des Nordwestdeutschen Rundfunks. Sie beteiligte sich am Aufbau der Landes-SPD, wurde 1950 in den Bundesvorstand gewählt und war 1949 Mitglied des ersten Deutschen Bundestages.

Albertz kämpfte ihr ganzes Leben lang für mehr soziale Gerechtigkeit, für Toleranz und Frieden, für Demokratie und gegen Unterdrückung. Ihr Engagement für Bedürftige und Benachteiligte, unter anderem auch als Vorsitzende des Petitionsausschusses des Deutschen Bundestages, brachte ihr den ehrenvollen Beinamen „Mutter der Bedrängten" ein.

Luise Albertz blieb ledig und ohne Kinder. Sie starb am 1. Februar 1979 in Oberhausen. Hier ist ihre Popularität heute noch ungebrochen und ihr Wirken an vielen Orten spürbar. Nach ihr sind in Oberhausen die Luise Albertz-Halle des Kongresszentrums sowie in der Neuen Mitte der Luise-Albertz-Platz benannt. Außerdem trägt eine Seniorenwohnanlage der Arbeiterwohlfahrt in Oberhausen ihren Namen und den Namen ihres Vaters.

9 Komm doch mal rüber …
Grenzwandeln im Zwillingsdorf

Das niederländische Dinxperlo und das deutsche Suderwick sind zwei Ortschaften an der niederländisch-deutschen Grenze, deren Bebauung nahtlos ineinander übergeht. Wäre da nicht die Grenze, markiert durch gelbe Kreuze auf der Straße, könnte man annehmen, es handle sich um einen einzigen Ort mit zwei Ortsteilen. Hier macht der Besucher merkwürdige Grenzerfahrungen.

Die Landesgrenze zwischen Suderwick und Dinxperlo, von den Menschen vor Ort „De Goot", also die „Gosse" oder die „Rinne" genannt, verläuft entlang des Bordsteins durch die Dorfstraße, deren deutscher Teil Hellweg und deren niederländische Seite Heelweg heißt. Auf der einen Seite stehen niederländische Klinkerhäuschen mit gardinenlosen Fenstern und individuell gestalteten Vorgärten, auf der anderen Seite typisch deutsche Häuser mit Dachgaube und Vorhängen, Plissees und Gardinen vor den Fenstern. Beiderseits der Grenze bieten die Metzgerei Slagerij Eric van Schie und die Fleischerei Baumann ihre Waren an.

In Europa einmalig: Ein grenzüberschreitendes Ortsschild, das zwei Orte und zwei Länder „sichtbar" verbindet.

Die Grenze verläuft teilweise mitten durch Grundstücke hindurch, sodass einzelne Häuser des einen Landes nur vom anderen Land zu erreichen sind. Wollen beispielsweise die deutschen Anwohner mit dem Fahrrad oder dem Auto zu ihren Wohnungen, sind sie Gast im Königreich der Niederlande. Das war nicht immer so. Die Grenze war lange Zeit ein Hindernis und hat das Leben auf beiden Seiten stark beeinflusst. Heute nicht mehr. Im Gegenteil, heute verbindet sie. Es gibt kein Nebeneinander mehr, sondern ein enges Miteinander. Nach dem Wegfall der Grenzkontrollen erkennt man nur noch anhand der unterschiedlichen Architektur sowie der unterschiedlichen KFZ-Kennzeichen und Verkehrsschilder, in welchem Ort und damit in welchem Staat man sich gerade befindet.

Hier ist es normal, dass die deutschen Kinder die niederländische Basisschule in Dinxperlo besuchen und die niederländischen Kinder auf deutscher Seite am Schwimmunterricht teilnehmen. Die Dinxperloer trinken Wasser aus Deutsch-

Gelbe Kreuze auf dem Boden markieren den Verlauf der Staatsgrenze durch die zusammenhängenden Ortschaften Dinxperlo/NL und Suderwick/D.

land, die Abwässer Suderwicker Haushalte werden in der Dinxperloer Kläranlage gereinigt. Auf niederländischer Seite befindet sich die erste deutsch-niederländische Polizeistation. Von hier aus gehen niederländische und deutsche Beamte gemeinsam auf Streife. Feuerwehr und Notarzt fahren ganz selbstverständlich über die Grenze. Hüben wie drüben wird eingekauft, wird sich verliebt und geheiratet. Auf der einen Seite der Hauptstraße erhellen deutsche und auf der anderen Straßenseite niederländische Laternen den Weg.

Direkt auf der Grenze steht das europaweit erste grenzüberschreitende Altenheim, in dem Menschen aus beiden Ländern wohnen. Die zwei Gebäudeteile sind durch eine Brücke über der Grenzstraße verbunden. Von hier haben die Senioren einen schönen Ausblick auf beide Länder. Der große Tisch im Aufenthaltsraum steht quer über der Grenze. Ein gemeinsamer Dialekt lässt bei den deutsch-niederländischen Nachbarn keine Verständigungsprobleme aufkommen.

Und schmunzeln kann man im Zwillingsdorf auch: Als die niederländische Königin Beatrix zu einem Besuch ihrer Landeskinder in Dinxperlo weilte, betrat sie mit einem Fuß den südlichen Bürgersteig der niederländischen Straße und damit deutschen Boden. Den anderen durfte sie nicht nachziehen, denn dann wäre es, ganz ohne die sonst üblichen protokollarischen Zwänge ein echter Staatsbesuch gewesen ...

Noch mehr über den Doppelort und über das frühere Leben an der Grenze erfährt der Besucher übrigens im Grenzlandmuseum.

10 Der Weltvermesser des 16. Jahrhunderts
Gerhard Mercator

Gerhard Mercator wurde am 5. März 1512 im flandrischen Rupelmonde geboren. Hier waren seine Eltern Hubert Cremer und seine Frau Emerentia gerade zu Besuch beim Bruder seines Vaters, dem Geistlichen Gisbert Creme.

Seine Eltern stammten aus Gangelt, einer ehemaligen kleinen Stadt am Niederrhein, heute eine Gemeinde im Kreis Heinsberg. Dorthin ging es auch wieder zurück, nachdem Mutter und Kind reisefähig waren. In Gangelt verbrachte Mercator, der noch fünf Geschwister hatte, einen Teil seiner Kindheit, bis die Familie dann schließlich nach Rupelmonde zog. Hubert Cremer hatte dort ein Haus mit einem Stück Land erworben, betrieb Landwirtschaft und das Schuhmacherhandwerk. Mercators Beziehung zu Gangelt war wohl eine besondere. Bei der genauen Betrachtung seiner Karten, wie der großen „Tabula Germanica", fällt nämlich auf, dass die kleine Ortschaft Gangelt und deren Nachbarorte Rodebach und Hastenrath eingezeichnet sind, während größere Orte in Deutschland fehlen.

Mithilfe seines Onkels Gisbert besuchte Mercator die Schule der Brüder vom Gemeinsamen Leben in 's-Hertogenbosch. Dort erhielt er erste Unterweisungen in Theologie, Latein und Griechisch. Danach ging er an die Universität Löwen und begann 1530 das Studium der Philosophie, Mathematik und Astronomie, das er 1532 mit dem Magisterexamen abschloss. Später spezialisierte er sich auf Geografie und Kosmografie.

Gerhard Mercator hieß eigentlich Gheert Cremer. Damals war es unter den Humanisten verbreitet, seinen Namen zu latinisieren. Aus Gheert Cremer wurde so Gerardus Mercator. Gemma Frisius, der Erfinder der Triangulation, lehrte Mercator, Vermessungsgeräte und Globen zu bauen. Später arbeitete Mercator eigenständig als Kartograf, Landvermesser und Instrumentenbauer. Seine Arbeiten waren bekannt für ihre Präzision und Detailgenauigkeit. Er bekam sogar Aufträge von Kaiser Karl V. und durfte sich Kaiserlicher Hofrat nennen. 1536 heiratete Mercator die Löwener Bürgerstochter Barbara Schelleken und hatte mit ihr sechs Kinder. 1541 baute er den weltweit ersten Erdglobus mit eingetragenem Magnetpol und Kompasslinien. Seine kritische Auseinandersetzung mit der Bibel und neue Sichtweisen der Kosmografie waren wahrscheinlich ausschlaggebend dafür, dass er 1544 trotz seines schon damals hohen Bekanntheitsgrades und der guten Beziehungen zum Brüsseler Hof wegen Ketzerei angeklagt und sechs Monate inhaftiert wurde. Nur dank der Fürsprache einflussreicher Persönlichkeiten kam er wieder frei. Die liberale Einstellung des Herzogs von Jülich-Kleve-Berg in Religionsfragen war wohl entscheidend für die Umsiedlung nach Duisburg. Hier lebte Mercator mit seiner Familie als angesehener Gelehrter und fertigte auch seine berühmtesten Werke. Der Landesherr, für

Gheert Cremer, genannt Mercator, war Kartograf, Geograf und einer der bedeutendsten Gelehrten des 16. Jahrhunderts.

den Mercator Vermessungen durchführte und Karten anfertigte, ernannte ihn 1563 zu seinem Herzoglichen Kosmografen. Er schuf die erste Europakarte und das erste Kartensammelwerk, den Atlas. Im Jahr 1569 veröffentliche Mercator die großformatige Weltkarte „Ad usum navigantium" (= zum Gebrauch in der Navigation). Ziel seines Werkes war die Verbesserung der Orientierung auf dem Meer. Die Karte erleichterte durch ein Gradnetz und eine neue Projektionsform, der Mercator-Projektion, den Seefahrern die Bestimmung ihrer Position. Durch die Winkeltreue der Karte ließ sich der Kompasskurs erstmalig als eine gerade Linie darstellen. Das ermöglichte den Navigatoren, den genauen Kurswinkel vom Heimat- zum Zielhafen zu ermitteln und immer entlang dieses Winkels zu fahren. Die Karte war für die Navigation in der Schifffahrt revolutionär und machte Mercator endgültig in der ganzen Welt bekannt. Weltkarten in der Mercator-Projektion waren bis zur Einführung des GPS für die Navigation in See- und Luftfahrt unerlässlich.

In den Gelehrtenkreisen seiner Zeit galt Mercator schon als der bedeutendste lebende Kartograf. Er starb berühmt und hoch angesehen am 2. Dezember 1594 im Alter von 82 Jahren in seinem Haus in Duisburg und wurde in der Salvatorkirche bestattet. Das Kultur- und Stadthistorische Museum Duisburg beherbergt in seiner Schatzkammer eine wertvolle Sammlung von Werken des großen Kartografen und Universalgelehrten.

11 Die Unvollendete
Fossa Eugeniana

Der Name „Niederlande“ war in historischer Zeit der Begriff für eine Bündelung von Provinzen, weshalb man auch von „den Niederlanden“ spricht, deren Territorium etwa dem der heutigen Staaten Niederlande, Belgien und Luxemburg entspricht. Sie standen unter der Herrschaft der Herzöge von Burgund. Nach deren Aussterben fielen sie an die spanische Linie der Habsburger.

Gegen die Herrschaft der spanischen Krone revoltierten die sieben, zum großen Teil protestantischen, nördlichen Provinzen der Niederlande, Seeland, Groningen, Utrecht, Friesland, Gelderland, Holland und Overijssel. Sie gründeten 1581 die Republik der Sieben Vereinigten Provinzen und erkämpften während des Achtzigjährigen Krieges (auch Spanisch-Niederländischer Krieg) zwischen 1568 und 1648 ihre Unabhängigkeit vom Haus Habsburg, die im Westfälischen Frieden bestätigt wurde. Während ihrer Herrschaft nutzten die Spanier den Rhein als Transportweg für ihren Nachschub in die Niederlande. Als die beiden Mündungsarme des Rheins durch die aufständischen Niederländer besetzt wurden, konnten die Spanier den Unterlauf des Flusses nicht mehr militärisch nutzen. Die Lösung war nach Ansicht der Besatzer eine Kanalverbindung vom Rhein zur Maas. Dabei verfolgten sie zwei Ziele: Einerseits sollte der Nachschub in die südwestlichen, noch unter spanischer Hoheit stehenden Teile der Niederlande (dem heutige Belgien) gesichert werden, zum anderen wollten die Besatzer den Handelsverkehr vom Rhein zur Maas umleiten, um so die aufständischen Provinzen vom einträglichen Rheinhandel abzuschneiden.

Mit dem Bau des Kanals wurde 1626 begonnen. Er wurde Fossa Eugeniana genannt. Namensgeberin war die Generalstatthalterin der spanischen Niederlande, Erzherzogin Clara Isabella Eugenia.

Die Wasserstraße beginnt bei Rheinberg. Von dort aus verläuft sie nördlich von Kamp-Lintfort am Kloster Kamp vorbei zwischen Sevelen und Issum in Richtung Geldern. Dann südlich an Walbeck vorbei, wo der Kanalverlauf zwischen Arcen (Niederlande) und Straelen Richtung Süden abknickt, bevor der Kanal bei Venlo in die Maas mündet. Dort haben die Niederländer wohl als späte Abrechnung gegen die einstigen Besatzer aus Spanien die Fossa Eugeniana auf ihren letzten Metern bis zur Maas unter die Erde verbannt – in die städtische Kanalisation.

Trotz der großen technischen Schwierigkeiten und der zerrütteten finanziellen Verhältnisse Spaniens ging es mit dem Bau des Kanals erstaunlich schnell vorwärts. Allerdings war das spanische Vorhaben den Niederländern nicht verborgen geblieben. Immer häufiger störten sie die Bauarbeiten durch Überfälle, entführten Arbeiter und entwendeten Werkzeuge sowie Baumaterialien. Im Jahr 1629 mussten die Tätigkeiten eingestellt werden, weil die Stadt Venlo von den Niederländern zurückerobert wurde. Auch das Geld ging aus. Als dann 1633 ein Teil des noch unfertigen Kanals in die Hände der Niederländer fiel, war das Projekt trotz seiner Verteidigungsanlagen endgültig gescheitert. Der britische Historiker Jonathan Israel nannte die Fossa Eugeniana später einen „kostspieligen, aber nutzlosen Graben im Boden".

Obwohl der Kanal nie seine vorgesehene Funktion erfüllt hat, ist ein erstaunlich großer Teil seines Verlaufs bis heute als landschaftsprägender Torso sichtbar. Entlang der Überreste wurde Ende der 1990er-Jahre grenzüberschreitend ein etwa 60 Kilometer langer Weg für Wanderer, Radwanderer und Skater angelegt, die Fossa-Route. Sie führt durch eine abwechslungsreiche Naturlandschaft vorbei an historischen Herrensitzen und Schlössern, Bauernhöfen und Mühlen.

Die Kammerschleuse der Fossa Eugeniana in Rheinberg.

12 Schutthalde mit Geschichte
Der Alsumer Berg

Stellt man einem Geologen die Frage, wie Berge entstehen, wird seine Antwort lauten: durch die Bewegungen der Kontinentalplatten oder durch vulkanische Vorgänge. Nicht so am linken Niederrhein und im Ruhrgebiet. Hier treibt man es auf die Spitze und macht sich seine Berge selbst. Allerdings haben sie einen anderen Namen, hier heißen sie Halden.

Viele Halden sind ein Abfallprodukt der Kohleförderung und entstanden durch das Abraumgestein aus dem Bergbau. Andere, wie der Alsumer Berg am Rheinufer in Duisburg, sind ehemalige Schutthalden. Jede Halde hat ihre ganz eigene Geschichte. Die des Alsumer Berges ist eine etwas traurige. Die meisten Besucher des Alsumer Berges, der manchmal auch Beecker Halde genannt wird, wissen wahrscheinlich gar nicht, dass sie beim Blick vom Haldengipfel die Überreste eines untergegangenen Stadtteils unter ihren Füßen haben. Ja, sie stehen auf den Überresten des versunkenen Ortes Alsum.

Alsum war einst ein Fischerdorf mit einem kleinen Hafen, der sich an der Mündung der Emscher in den Rhein befand, einer Hauptstraße und etwa 1.500 Einwohnern. Es gehörte zur damals selbstständigen Stadt Hamborn. Den Hafen sucht man heute vergeblich, ebenso die Straßen, die Häuser und die Bewohner, auch Ortstafeln weisen nicht auf den Beginn oder das Ende von Alsum hin. Was war geschehen?

Vom Ende des 19. Jahrhunderts bis in die Nachkriegszeit hinein wurde die Ortschaft Stück für Stück durch den Abbau der Steinkohle unterhalb von Alsum und die damit verbundenen schweren Bergsenkungen beschädigt. Zusätzlich führten die Folgeschäden des extremen Hochwassers von 1926 zur Stilllegung und Zuschüttung des Alsumer Hafenbeckens. Die Bombardierungen im Zweiten Weltkrieg und weitere Senkungen

veranlassten den Rat der Stadt Duisburg im Jahr 1954 dazu, die Bewohner in benachbarte Stadtteile umzusiedeln und den Ortsteil mit Schutt und Kriegstrümmern unter einer Halde verschwinden zu lassen. Im Jahr 1965 verließen schließlich die letzten Einwohner Alsum.

Die Industrie der Nachkriegsjahre nutze das Gebiet dann als Ablagestelle für weiteren Schutt und als Erweiterungsraum für ihre Betriebe. So entstand der Alsumer Berg, der den gleichnamigen Stadtteil bis heute unter sich begraben hält. Er verschwand sozusagen wie Atlantis, nur nicht im Meer, sondern unter Schutt und Müll. Heute ist die Halde als Grünfläche umgestaltet und gilt als Landschaftsschutzgebiet. Der höchste Punkt liegt auf 71,2 Metern über dem Meeresspiegel. Nur ein kleines Gedenkkreuz auf dem Haldengipfel erinnert an den einstigen Duisburger Ortsteil. Von oben bietet sich ein fantastischer Panoramablick auf die Schwerindustrie im Duisburger Norden, aber auch auf beschauliche Landschaften zwischen Niederrhein und Ruhrgebiet mit ihren Weiden und Feldern. Ein Besuch des Alsumer Bergs ist im Sommer wie im Winter lohnenswert. In der kalten Jahreszeit ist der starke Kontrast zwischen Natur und Industrieanlagen besonders ausgeprägt. Aufgrund des phänomenalen Industriepanoramas ist der Berg bei Fotografen aus aller Welt sehr beliebt.

Der Alsumer Berg liegt unmittelbar an den Radwanderwegen Erlebnisweg Rheinschiene, Route der Industriekultur per Rad und der NiederRheinroute.

Blick vom Alsumer Berg auf das Industriepanorama des Duisburger Nordens in Richtung Walsum und Voerde.

13 Ein Widerspruch in exponierter Lage
Die drei Höhenburgen am Niederrhein

Eine Höhenburg am Niederrhein. Das gibt es doch gar nicht. Die Gegend ist doch so flach wie ein Spülbecken. Manche Zungen behaupten sogar, die höchsten Erhebungen am Niederrhein sind die Brücken. Auf diese Aussagen antwortet der Niederrheiner mit der klassischen niederrheinischen Floskel: „Dat is Ansichtssache". Und da hat er recht.

Am Niederrhein gibt es tatsächlich einige Höhenzüge und Inselberge, die dem Namen der Region widersprechen und selbst für eingefleischte Niederrhein-Kenner die eine oder andere Überraschung bereithalten. Ursache ist der Niederrheinische Höhenzug, der sich durch das Niederrheinische Tiefland von Krefeld bis nach Nimwegen zieht. Die „Berge" entstanden, als vor 250.000 Jahren während der Saale-Eiszeit riesige Eismassen aus Skandinavien den niederrheinischen Boden zusammenpressten und falteten.

Die Schwanenburg ist das Wahrzeichen der Stadt Kleve.

Befestigte Plätze in exponierter Höhenlage waren leichter zu verteidigen und deshalb bevorzugte Standorte für den Burgenbau. Am Niederrhein gibt es heute drei Befestigungsanlagen in herausragende Position: die Schwanenburg in Kleve, die Burg Wassenberg und die südlichste Höhenburg am Niederrhein, das heutige Schloss Liedberg. Die Burg des Grafen vom Hamaland auf dem Hocheltenberg und die Burg Monterberg auf dem Monterberg bei Kalkar sind hingegen untergegangen.

Die Schwanenburg in Kleve

Auf dem spornartigen Ausläufer eines eiszeitlichen Höhenrückens steht das Wahrzeichen der Stadt Kleve, die Schwanenburg. Die Burg wurde vermutlich im 11. Jahrhundert durch die Grafen und späteren Herzöge von Kleve erbaut. Geprägt vom mächtigen Schwanenturm, formt sie die Silhouette der Stadt und ist schon von Weitem zu erkennen. Auf dem Turm dreht sich eine Windfahne in Gestalt eines vergoldeten Schwans, der dem Turm seinen Namen gab. Mit dem großen Vogel ist die Geschichte vom Schwanenritter Elias verbunden, die im 19. Jahrhundert in Richard Wagners Oper „Lohengrin“ weiterlebte und von dem die Grafen von Kleve ihre Herkunft ableiteten. Die Besteigung des Turms wird mit einem weiten Blick über das Klever Land belohnt. Der Berg, auf dem die Schwanenburg steht, war namensgebend für die später entstehende Siedlung: Aus „Cleef“ (= Kliff, Klippe) wurde Kleve.

Die Burg Wassenberg auf einem steil abfallenden Hügel ist das Herzstück der Kleinstadt Wassenberg.

Die Burg Wassenberg
Die Burganlage besteht aus dem Burggebäude und dem viergeschossigen Bergfried, einem ehemaligen Wohnturm. Beide wurden um 1420 erbaut. Vorgänger der Burg war vermutlich eine römische Wehranlage. Den Bergfried kann man besteigen. Von oben hat man einen schönen Ausblick über die Rurniederung, bei guter Sicht bis zu den Niederlanden. Die Altstadt von Wassenberg besticht mit der Burganlage, Stadtmauer und einer Vielzahl historischer Gebäude.

Die Höhenburg Liedberg, Blick vom Mühlenturm auf die Burg.

Das Schloss Liedberg
Zwischen Neuss und Mönchengladbach erhebt sich auffällig aus der flachen niederrheinischen Landschaft die Quarzitkuppe Liedberg bei Korschenbroich. Auf der Kuppe befindet sich das Schloss Liedberg, das auf den Grundmauern der im 13. Jahrhundert entstandenen Landesburg Liedberg erbaut wurde. Von der ehemaligen Burganlage ist heute nur der Bergfried erhalten. Er steht etwas abseits des heutigen Schlosses, wurde 1572 zur Windmühle umgebaut und heißt deshalb Mühlenturm. Nach der Renovierung des Turms kann der Besucher von seiner Aussichtsfläche einen tollen Blick auf Liedberg und weit darüber hinaus genießen.

14 Alles Leben beginnt in der Zelle
Theodor Schwann

Theodor Schwann kam am 7. Dezember 1810 in Neuss zur Welt. Er zählt zu den bedeutendsten Wissenschaftlern des 19. Jahrhunderts. Sein Name ist jedem Biologen und Mediziner bekannt. Nach dem Besuch des Marzellen-Gymnasiums in Köln studierte Schwann an den Universitäten Berlin, Bonn und Würzburg Medizin. 1838 wurde er Professor an der Katholischen Universität Löwen, 1848 an der Universität in Lüttich.

Es war die Zeit, in der es in vielen Bereichen der Wissenschaft, so auch in den Naturwissenschaften, zu bedeutsamen Veränderungen kam. Charles Darwins elementare Beiträge zur Evolutionstheorie, ohne die die Biowissenschaften undenkbar wären, trugen in gleicher Weise dazu bei wie Gregor Mendels Vererbungslehre. Letzterer fand aber erst Anerkennung, als die Grundzüge der Entwicklung des Lebens verständlich wurden. Voraussetzung hierzu war die Kenntnis über den Grundbaustein des Lebens – die Zelle. Deren Existenz wiederum konnte aber erst durch die Erfindung des Mikroskops nachgewiesen werden. Schwann war ein Meister der Mikroskopie und fand mit deren Hilfe heraus, dass alle Tiere, Pflanzen und der Mensch aus Zellen aufgebaut sind. Er unterschied dabei zwischen Einzellern (z. B. Bakterien) und Mehrzellern.

Schwann erkannte, dass die Zelle aus einer Grundmasse besteht, dem Zytoplasma, in dem sich (meist) ein Zellkern, der Nukleus, befindet. Alles wird von einer Hülle, der Plasmamembran umgeben. Vereinfacht dargestellt funktioniert die Zelle wie ein industrieller Großbetrieb. Der Zellkern ist hier die Zentrale, in der die Arbeit gesteuert und die unternehmerischen Entscheidungen getroffen werden. Die Grundmasse ist das Betriebsgelände, auf dem die unterschiedlichen Einrichtungen für die Produktherstellung stehen. Alles wird dann noch von einer Mauer umgeben, der Zellmembran, die ein unbefugtes Betreten des Geländes, also der Zelle, verhindert und genau aussucht, wer den Betrieb betreten und verlassen darf. Schwann folgerte daraus, dass die verschiedenen Gewebe eines Organismus aus Zellen einer Art bestehen. Er ist damit der Begründer der modernen Gewebelehre. Seine Erkenntnisse über die Zelle waren damals ebenso bahnbrechend wie die Mondlandung 1969.

Schon einige Jahre vorher hatte Schwann das Eiweiß verdauende Enzym Pepsin entdeckt. Er formulierte den Terminus Metabolismus, auch Stoffwechsel genannt, für chemische Veränderungen in lebenden Geweben.

Bei Forschungen an Nerven entdeckte Schwann eine Hülle, die sich um die Fortsätze bestimmter Nervenzellen legt. Diese Hülle wird Schwannsche Scheide oder Myelinscheide genannt. Die Zellen dieser Isolierschicht heißen Schwannsche Zellen. Die Myelinscheide stützt, schützt und ernährt den Nervenfortsatz und

Das Theodor-Schwann-Denkmal in der Neusser Innenstadt.

sorgt für eine schnellere Weiterleitung der elektrischen Erregung in Nervenzellen.

Schwann erhielt 1845 die Copley-Medaille der Royal Society of England, die der Bedeutung des heutigen Nobelpreises entspricht. Außerdem war er auswärtiges Mitglied der Royal Society in London und der Académie des Sciences in Paris. Theodor Schwann starb 1882 mit 71 Jahren in Köln.

Seine Erkenntnisse über die Zelle sind der Grund für einen bei Biologiestudenten beliebten, etwas abgewandelten Spruch: „Alles Leben auf der Erde beginnt in der Zelle – manches endet auch dort".

15 Eine Kathedrale der Industrie
Der Gasometer in Oberhausen

Fördertürme, Kokereien und Eisenhütten prägten ab den 1920er-Jahren das Ruhrrevier, so auch das Gebiet der Stadt Oberhausen. In den Eisenhütten und in den Kokereien entstanden brennbare Gase, die zwischengespeichert und bei Bedarf wiederverwendet wurden, beispielsweise zur Feuerung der Walzwerke. Die dazu gebauten Behälter werden umgangssprachlich als Gasometer bezeichnet.

Bei der Speicherung des Gases gab es unterschiedliche Techniken. Der Gasometer, der die Gase der umliegenden Hüttenwerke der Gutehoffnungshütte in Oberhausen speicherte, ist ein sogenannter Scheibengasbehälter oder Scheibengasometer. Im Februar 1927 wurde mit seinem Bau begonnen. Zwei Jahre später stand am Rhein-Herne-Kanal der mit knapp 118 Metern Höhe und einem Durchmesser von 67,6 Metern größte Gasbehälter Europas.

Das zu speichernde Gas wurde von unten in den Innenraum geblasen. Auf dem Gas schwamm die Gasdruckscheibe, eine bewegliche Platte, die von oben auf das Gas drückte. War die Gasmenge höher, stieg die Platte an den zur Abdichtung öl- und teergeschmierten Wänden nach oben, war weniger Gas im Behälter, sank sie hinunter. Mithilfe der Auf- und Abwärtsbewegungen der Gasdruckscheibe konnte der Speicherplatz variabel angepasst werden. Durch das Gewicht der Scheibe blieb der Gasdruck bei den unterschiedlichen Füllständen konstant. Bei einer kompletten Füllung des Gasometers befand sich die Scheibe in 95 Metern Höhe. Dann lagerten 347.000 Kubikmeter Gas im Behälter. War das Speichervolumen erreicht, passierte die Scheibe ab einer bestimmten kritischen Höhe Überdruckventile, die das Gas nach außen abgaben.

Der Niedergang der westeuropäischen Bergbauindustrie und die vermehrte Nutzung von Erdgas erzwang im Jahr 1988 die Stilllegung des Oberhausener Gasometers. Wie bei vielen Hinterlassenschaften der Industrie war zunächst nicht so recht klar, was mit dem imposanten Bauwerk passieren sollte. Es drohte der Abriss – wie so vielen anderen Gasometern im Ruhrgebiet. Im Fall des Oberhausener Gasometers wurde man sich aber rechtzeitig bewusst, dass er ein wichtiger architektonische Zeitzeuge der industriekulturellen Vergangenheit und des Strukturwandels im Ruhrgebiet ist. Die Oberhausener Bürgerschaft, der Stadtrat, die Landesregierung und die Internationale Bauausstellung (IBA) Emscher Park diskutierten intensiv, welche Verwendung es für einen ausgedienten Gasspeicher geben könnte. Auf Vorschlag der IBA Emscher Park wurde er schließlich zu einer Ausstellungshalle umgebaut. Zwei Ebenen über dem Ausstellungsraum verrät ein Blick nach oben, warum die Oberhausener ihren Gasometer als „Kathedrale der Industrie" bezeichnen: Über 100 weitere Meter sind es bis zum

Riesen-Tonne am Rhein-Herne-Kanal: Der Gasometer in Oberhausen.

Dach. Mit einer Höhe von 117,5 Metern und einem Durchmesser von 67 Metern ist der Gasometer heute die höchste Ausstellungshalle der Welt und das Wahrzeichen der Stadt Oberhausen. Seit 1994 finden hier Ausstellungen, Messen, Ballett-, Theater- und Varietéabende statt. Die Fahrt im gläsernen Panorama-Aufzug bietet einen einzigartigen Blick in die Halle. Der Außenfahrstuhl führt auf die Aussichtsplattform auf dem Dach des Gebäudes. Wer besonders fit ist, kann das Dach auch über 592 Stufen erreichen. Aus 117 Metern Höhe bietet sich ein großartiger Rundblick auf Oberhausen, einschließlich der Emscherinsel und dem hier stehenden Stadion des Traditionsvereins Rot-Weiß Oberhausen. Bei klarem Wetter reicht die Sicht sogar 30 Kilometer weit über das ganze westliche Ruhrgebiet.

16 Schinderhannes von der Bönninghardt
Wilhelm Brinkhoff

Der Niederrheinische Höhenzug Bönninghardt liegt zwischen den Gemeinden Issum, Sonsbeck und Alpen. Mit ihm verbindet man Begriffe wie Besenbinder, Plaggenhütten und die Geschichten vom Räuber Brinkhoff.

Bis zu ihrer Besiedlung im Jahr 1769 war die Bönninghardt eine unbewohnte Heidefläche. Pfälzer aus dem Raum Simmern, Bingen und Bad Kreuznach, die ursprünglich nach Pennsylvania in Nordamerika auswandern wollten, denen aber das Geld für die Überfahrt ausgegangen war, siedelten sich hier an. Die völlig mittellosen Kolonisten fanden in der trockenen, unfruchtbaren Heidelandschaft naturgemäß kaum Arbeitsmöglichkeiten. Hilfe von den staatlichen Behörden und der katholischen Kirche gab es nicht. So lebten die Neusiedler in bitterer Armut. Sie wohnten zu Beginn in Erdlöchern, später in Hütten, die überwiegend aus aufgestapelten Grassoden oder aus getrockneten Torfplaggen errichtet wurden – den Plaggenhütten. Beschäftigung gab es, wenn überhaupt, als Besenbinder und als Tagelöhner bei den Bauern. Der ständig präsente Hunger führte zu Bettelei und zu Diebstählen. So ist es nicht verwunderlich, dass sich eine gewisse Gleichgültigkeit gegenüber dem Gesetz ausbreitete. Die unwirtliche Bönninghardt wurde zum Rückzugsgebiet für Kleinkriminelle, vor allem für Räuber, die aus dem linken Niederrhein zeitweise eine Art Wilder Westen machten. Hier begann auch die Karriere des Räubers Wilhelm Brinkhoff, der von 1855 bis 1860 sein Unwesen trieb.

Brinkhoff wurde am 13. März 1838 in Alpen am Niederrhein geboren. Er machte eine Lehre als Tischler, manche sagen, als Dachdecker. Regelmäßige Arbeit war aber nicht so ganz sein Ding, er verkehrte eher in finsteren Kreisen. Schon im Alter von 19 Jahren wurde er erstmalig wegen verschiedener Delikte zu vier Jahren Zuchthaus verurteilt. Brinkhoff war, vielleicht aufgrund seines erlernten Berufes, ein Meister des Gefängnisausbruchs. Er floh aus der Haftanstalt in Kleve und kehrte zur Bönninghardt zurück. Hier entzog er sich der erneuten Festnahme durch den Gebrauch einer Schusswaffe. Er flüchtete über Rotterdam nach Amerika. Dort heiratete er die deutschstämmige Caroline Ernst und kam durch den Handel mit Pelzen zu Geld. Seine Ehefrau plagte das Heimweh und beide kehrten zum Niederrhein zurück. Wegen der Tötung eines Polizeidieners wurde er im März 1860 zu zehn Jahren Haft verurteilt. Aber wieder gelang ihm eine spektakuläre Flucht, diesmal aus dem Gefängnis in Essen-Werden. Zum zweiten Mal verschwand er in die neue Welt. Hocherfreut teilte Brinkhoff der Staatsanwaltschaft in Kleve per Postkarte seine Ankunft in Amerika mit. Danach verliert sich seine Spur für immer.

Wilhelm Brinkhoff bietet bis heute Stoff für viele Geschichten, aus denen er meist als eine Art Robin Hood des Nie-

Wilhelm Brinkhoff in jungen Jahren.

derrheins hervorgeht. Geschichten vom gerechten Räuber, der mit den Behörden Katz und Maus spielte, die Wohlhabenden bestahl und die Beute an die Armen verteilte. Brinkhoff war allerdings kein politischer Rebell und erst recht kein Freiheitskämpfer. Die bestehenden politischen und sozialen Verhältnisse interessierten ihn nicht. Ausschlaggebend für seine Taten war ausschließlich die zu erwartende Beute und somit die persönliche Bereicherung. Über Wilhelm Brinkhoff müsste man also zwei Geschichten erzählen: eine über den gerissenen Abenteurer und eine zweite über den Dieb und Mörder. Leider sagt die Geschichte nicht, wie sein Leben in Amerika weiter ging. Sein Grab ist bis heute nicht bekannt – aber die Legende lebt.

17 Wiege der Ruhrindustrie
Die St.-Antony-Hütte in Klosterhardt

Ein altes Sprichwort sagt: „Man muss das Eisen schmieden, so lange es heiß ist". Aber wie wird Eisen eigentlich gewonnen? In der Natur kommt es, mit Gestein vermischt, als Erz vor. Um das Eisen daraus zu lösen, wird das Erzgestein in den Hochofen der Eisenhütten stark erhitzt. Dabei fließt das Eisen heraus, während die übrigen Stoffe verbrennen. So wird, vereinfacht gesagt, Roheisen erzeugt, aus dem man wiederum Stahl herstellen kann.

Die erste Eisenhütte im Ruhrgebiet wurde 1758 in Oberhausen-Klosterhardt gebaut und hieß St.-Antony-Hütte. Sie ist die Geburtsstätte der Ruhrindustrie und „Keimzelle" des Weltkonzerns Gutehoffnungshütte. Ihre Anfänge gehen auf das Jahr 1740 zurück. Zu dieser Zeit suchten Männer der katholischen Kirche neue Einnahmequellen. Franz von der Wenge, Domkapitular zu Münster, hatte erfahren, dass sich im Raum Klosterhardt lukrative Rohstoffe in Form von sogenannten Rasensteinerzen lagerten. Hierbei handelt es sich um einen Boden mit stark metallhaltigen Verfestigungen, aus denen Eisen gewonnen werden kann. Die Verhüttung von Rasensteinerzen war nicht unbedingt neu, diese Technik war schon den Römern bei ihrer Besetzung des Niederrheins bekannt. Von der Wenge erkannte darin die Gelegenheit, in der Gegend ein Hüttenwerk anzusiedeln. 13 Jahre später (damals ging alles noch etwas langsamer oder hatte da schon die Verwaltung ihre Finger im Spiel?) erhielt er vom Kölner Erzbischof die Genehmigung, am Elpenbach in Osterfeld eine Eisenhütte zu errichten, um die örtlichen Erzvorkommen zu verhütten. Mithilfe belgischer Facharbeiter wurde die Hüttenanlage erbaut und am 18. Oktober 1757 floss rot glühend kochendes Eisen aus dem ersten Hochofen. Damit war der Grundstein des späteren Ruhrgebiets gelegt. „Nun iß endlich die hütte in ihre arbeyt, der liebe Gott gebe mir seynen seegen dazu", verkündete der Aufseher freudig seinem Chef.

Zwei weitere Hüttenwerke in der Nähe machten der St.-Antony-Hütte schon bald Konkurrenz. Deren Betreiber, die Brüder Franz und Gerhard Haniel, Heinrich Huyssen und Gottlob Jacobi fusionierten 1810 zu einem Großbetrieb. Mit einer Unterbrechung von wenigen Jahren produzierte der Hüttenbetrieb auf St. Antony bis 1843 Roheisen. Dann erlosch der Hochofen. Nur die Eisengießerei blieb noch bis 1877 in Betrieb, bevor auch hier endgültig Feierabend war und die Hütte stillgelegt wurde. Ein Großteil der Anlage wurde sofort danach abgerissen. Die Werkstattgebäude, die Schmiede und die Lehmformerei blieben stehen und wurden in Wohnungen umgebaut. Auch das Wohnhaus des Hüttendirektors mit seinen beiden Anbauten blieb erhalten. Es beherbergt heute ein Museum, in dem der Besucher an einem Touchscreen einen virtuellen, animierten Hochofen füllen, anheizen

Im Industriearchäologischen Park St. Antony-Hütte wird mit den freigelegten Überresten des alten Hüttenwerks St. Antony seine beeindruckende Geschichte wieder zum Leben erweckt.

und abstechen kann. Dabei muss er einerseits die Temperatur, andererseits auch das richtige Mischverhältnis von Koks, Kalk und Eisenerz beachten. Die Ausstellung berichtet von den Anfängen der Eisen- und Stahlindustrie und vom harten Leben der Menschen. Unter einem eindrucksvollen gewölbten Dach stößt der Besucher hier auf Funde der Ausgrabung. Vier Jahre lang wurden die Mauerreste, Fundamente und Anlagenteile der St.-Antony-Hütte wieder freigelegt. Im ersten industriearchäologischen Park Deutschlands entdecken die Gäste einmalige Relikte aus der Frühzeit der Eisen- und Stahlindustrie.

18 Glück auf! Die Zeche Rheinpreußen

1871 wurde auf der Schachtanlage Westende in Meiderich erstmals Kohle gefördert. Der Name bezog sich auf die geografische Lage der Zeche. Sie war damals die am westlichsten gelegene Schachtanlage im Ruhrgebiet.

Zu der Zeit bezweifelten die Bergingenieure, dass sich die Steinkohlenflöze auch linksrheinisch fortsetzen. Das hielt aber Franz Haniel nicht davon ab, weiter westlich, auf seinem Gut bei Homberg erfolgreich nach Kohle zu bohren. Im Jahr 1857 wurde das Feld Rheinpreußen an Franz Haniel verliehen, der in den folgenden Jahren die Zeche Rheinpreußen gründete. Sie war die Grundlage für den Bergbau auf der linken Rheinseite. Haniel baute die Zeche Rheinpreußen im gleichen Stil wie seine Zeche Zollverein in Essen und die Zeche Oberhausen – als Malakowanlage mit zwei Schächten. Der Name „Malakow" bezieht sich auf den Malakow-Turm. Dabei handelt es sich um einen Förderturm, der nicht aus einem Stahlgerüst besteht, sondern aus massivem, bis zu drei Meter dickem Ziegelmauerwerk. Die meisten dieser Türme wurden in der Zeit von 1850 bis 1870 gebaut. Der Terminus „Malakow" ist abgeleitet von einem Teil der russischen Festungsanlage vor Sewastopol, dem Fort Malakow. Stahlfördertürme wurden erst später gebaut.

Haniels Zechen in Oberhausen und Essen versorgten mit der dort abgebauten Kohle die Eisen- und Hüttenindustrie mit Koks. Nach seinem Willen sollte auf der Zeche Rheinpreußen die Kohle aber allein für den Verkauf gefördert werden. Rheinpreußen galt damit im Jargon des Ruhrgebiets als „reine" Zeche.

Komplikationen wie Schwimmsandeinbrüche bei den Abteufarbeiten verzögerten die Förderung in Schacht 1. Parallel zu diesem Schacht war 1867 mit der Arbeit für Schacht 2 begonnen worden, der noch vor Fertigstellung von Schacht 1 mit der Förderung begann. Der Terminus „Abteufen" leitet sich von der bergmännischen Bezeichnung „Teufe" für „Tiefe" ab und bezeichnet das Bauen eines Schachtes in die Tiefe.

Mit den beiden Schächten war aber das große Feld nicht erschlossen. Schon 1891 begann in Homberg-Hochheide die Abteufung des dritten Schachtes der Zeche Rheinpreußen. Um 1900 folgten in Moers-Hochstraß die Schachtanlage Rheinpreußen 4 und in Rheinkamp-Utfort der Schacht Rheinpreußen 5. Beide Anlagen gingen als selbstständige Förderanlagen 1904 und 1905 in Betrieb. 1922 begannen die Abteufungen des Schachtes 6 in Rheinkamp-Repelen. Dieser Schacht war später Teil der Schachtanlage Pattberg. 1943 wurde neben der Haus-Knipp-Eisenbahnbrücke in Duisburg-Baerl Schacht VIII als Wetterschacht zur Versorgung der Bergleute mit frischer Luft für das Bergwerk Rheinpreußen abgeteuft. Zahlreiche neue Bohrverfahren und Techniken wurden auf Rheinpreußen entwickelt und machten Bergbaugeschichte.

1880 förderten 711 Bergleute 135.635 Tonnen Kohle. Die maximale

Eine der wenigen erhaltenen Tagesanlagen des ehemaligen Steinkohlenbergwerks Rheinpreußen I/II in Homberg ist der 1879 errichtete Malakow-Turm.

Förderung erreichte Rheinpreußen im Jahr 1966, als 9.363 Beschäftigte 4.736.519 Tonnen Steinkohle abbauten. Als letzte Rheinpreußen-Zeche stellte die Schachtanlage 5/9 in Moers-Meerbeck 1990 den Betrieb ein.

Nach umfangreichen Abbrucharbeiten auf der Gründungsschachtanlage Rheinpreußen 1 in Homberg blieben der Malakowturm, die Werkstatt und das Verwaltungsgebäude erhalten. Der Förderturm von Schacht IV mit dem alten Zechengebäude kann im Moerser Ortsteil Hochstraß besichtigt werden.

Vorbei, vorbei – in Trümmern liegt die Zech,
so trutziglich gefügt,
kaum kündet noch ein Mauerrest,
vom Wall der einst so stark und fest.

Heinrich Kämpchen, Arbeiterdichter und Bergmann

19 Gartenstadt und Bullenkloster
Die Zechensiedlung Lohberg

Die Großzechen zwischen Ruhr, Rhein und Lippe hatten über Jahrzehnte hinweg einen massiv hohen Arbeitskräftebedarf. Die Folge war eine schnelle Erschöpfung des regionalen Arbeitsmarktes. Deshalb begannen bereits Anfang der 1890er-Jahre die Zechenunternehmen mit der Anwerbung Tausender Arbeitskräfte aus nah und fern. Damit alleine war es nicht getan. Fluktuationen sollten vermieden, zumindest aber eingeschränkt werden.

Um einen festen Belegschaftsstamm an den Betrieb binden zu können, legten die Zechen Kolonien an. Als Gegenleistung für eine günstige Mietwohnung erwarteten die Unternehmen von den Bergleuten Loyalität und ein hohes Arbeitspensum. Auch gegen die aufkommende Arbeiterbewegung war die betriebliche Sozialpolitik ein gutes Mittel. Schon in den 1850er-Jahren begannen deshalb einige Zechen mit dem Bau von Werkswohnungen. Mit dem Anstieg der Gesamtbelegschaft nahm auch die Zahl der Zechenkolonien zu. Bereits 1914 existierten im Ruhr-Bergbau rund 87.000 Zechenwohnungen, die meisten davon mit Garten.

Eine übliche Arbeitersiedlung verfügte über ein kleines Straßennetz und einzeln stehende Häuser mit getrennten Eingängen, die meist von zwei oder mehr Familien bewohnt wurden. Hinter dem Haus gab es fast immer einen Garten, oftmals mit einem Stall für Hühner und einer Ziege, der Bergmannskuh.

Zur Kohleversorgung seines Dinslakener Stahlwerkes gründete der Industrielle August Thyssen am 30. Dezember 1905 die Zeche Lohberg. Ganz in ihrer Nähe, am Fuße des nördlich von Dins-

laken gelegenen Oberlohbergs, entstand 1907 für die Angestellten und Arbeiter der Zeche die Bergarbeiterkolonie Lohberg. Die architektonisch sehenswerte Anlage wurde nach dem Konzept einer Gartenstadt errichtet. Sie galt als Mustersiedlung und war das Vorbild für den Siedlungsbau anderer Unternehmen. Ihre halbkreisförmige Anlage zur Zeche Lohberg hin sollte auf einen engen Bezug zum Arbeitsplatz verweisen. Die meist zweigeschossigen Häuser verfügten über drei oder vier Räume und waren im Vergleich zu anderen Siedlungen großzügig gebaut. Auch die Formen der Gebäude unterscheiden sich. Landhausartige Elemente, unterschiedliche Giebel und Eingangsbereiche verleihen der Siedlung ein abwechslungsreiches Bild.

Im Jahr 1920 bestand die Siedlung aus 918 Häusern mit 1.334 Wohnungen. Eine komplette Infrastruktur mit Schulen, Kindergärten, Konsumanstalt, Geschäften und Handwerkerbetrieben verkürzte die Wege und versorgte die Bewohner vor Ort mit den alltäglichen Notwendigkeiten. Zu jeder Wohnung gehörte ein Nutzgarten, der die Haushaltskasse entlastete, insbesondere in wirtschaftlich schlechten Zeiten. Auch an die jungen Bergarbeiter, die ohne Familien gekommen waren, hatte die Werksleitung gedacht und ein großes mehrgeschossiges Heim gebaut, im Ruhrgebiet und am Niederrhein als „Bullenkloster" bezeichnet.

Die Zechensiedlung Lohberg spiegelt wie die anderen Arbeitersiedlungen im Ruhrgebiet und am Niederrhein das charakteristische Gesicht der industriellen Blütezeit wider. Sie berichtet als Zeuge einer vergangenen Epoche vom Leben der Bergmannsfamilien und ihren Nachfahren. Letztere leben teilweise noch heute in der Gartenstadtsiedlung Lohberg. Zusammen mit der Zeche und der Halde Lohberg stellt die Anlage heute ein bedeutendes Ensemble des Bergbaus am Niederrhein dar. Bei einem Spaziergang durch die Bergarbeiterkolonie trifft der Besucher immer wieder auf große Text-Bild-Tafeln, die von der Geschichte der Anlage und einzelner Gebäude erzählen.

Die 1907 nach dem Konzept einer Gartenstadt angelegte Siedlung Lohberg galt mit ihren unterschiedlichen Häusertypen als Mustersiedlung und wurde zum Vorbild für den Siedlungsbau anderer Montan-Unternehmen.

20 Schmeckt jung am besten
Altbier

Im Refrain eines Düsseldorfer Karnevalsliedes: „Ja sind wir im Wald hier? Wo bleibt unser Altbier?", wird ungeduldig nach einer Gaumenfreude gerufen, die untrennbar mit der Kulturgeschichte des Niederrheins verbunden ist.

Sowohl in den Städten am Niederrhein als auch in seinen ländlichen Gebieten besitzt Altbier eine lange Tradition. Es ist hier das Standard- und Alltagsgetränk. Die Bezeichnung „Altbier", oft nur „Alt" genannt, ist nicht wörtlich zu nehmen. Sie bedeutet nicht, dass man es alt trinken soll. Auch wird es nicht besonders lange gelagert. Der Name „Altbier" besagt nur, dass es nach einem alten Brauverfahren hergestellt wird. Es stammt aus der Zeit, in der es noch keine technischen Kühlverfahren gab und zum Bierbrauen fast überall in Deutschland obergärige Hefe verwendet wurde. Diese benötigt für die Umwandlung des Malzzuckers in Alkohol Temperaturen von 15 bis 20 Grad Celsius. Hierdurch war es das ganze Jahr hindurch – auch in den wärmeren Jahreszeiten – möglich, Bier zu brauen.

Altbier gehört somit zur Gruppe der obergärigen Biere. Es hat einen Stammwürzgehalt – eine wesentliche Messgröße beim Bierbrauen – von 11,5 Prozent und einen Alkoholgehalt von etwa 4,8 Prozent. Weitere obergärige Biersorten sind Kölsch und Weizen. Pils oder Exportbiere benötigen beim Brauprozess untergärige Hefe und eine Kühlung auf vier bis neun Grad Celsius. Solche Verfahrensweisen konnten aber erst nach der Erfindung der Kältemaschine durch Carl von Linde eingesetzt werden. Im Gegensatz zum Herstellungsverfahren des Altbiers ist sein Name noch relativ jung. Er fand erst Ende des 19. Jahrhunderts Verwendung, als sich die damals entstandenen untergärigen Biere gegen die alten obergärigen Biersorten behaupteten.

Schon im Mittelalter wurde am Niederrhein Bier gebraut. Zum Bittern verwendeten die Brauer aber noch keinen Hopfen, sondern allerlei andere Kräuter wie Kümmel, Ingwer, Anis, Rosmarin oder Lorbeer und Teile des Gagelstrauches. Solche Biere heißen „Grutbier" oder „Gagelbier". Im Jahr 1516 beschränkte das deutsche Reinheitsgebot, das älteste Lebensmittelgesetz der Welt, die Zutatenliste auf Wasser, Malz und Hopfen.

Altbier-Brauereien mit großer Tradition am Niederrhein, in denen teilweise noch oder wieder gebraut wird, sind Tivoli und Rhenania in Krefeld, Diebels in Issum, Bolten in Korschenbroich, Hannen in Willich und Schlösser in Düsseldorf.

Seit einiger Zeit geht der Bierkonsum, egal welcher Brauart, in Deutschland zurück und somit auch die Zahl der Altbier-Brauereien am Niederrhein. Gegen den negativen Trend kämpfen die Hausbrauereien erfolgreich an. Sie kombinieren mit angeschlossenem Gastronomiebetrieb Herstellung und Konsum an einem Ort. Für Düsseldorf-Touristen

Altbier: eine leckere ALTernative vom Niederrhein.

ist ein Besuch der bekannten Hausbrauereien ein Pflichtprogramm. Aber auch die Einheimischen nutzen gerne die Gelegenheit, ihr Alt direkt im Brauhaus zu genießen. So haben die Mikrobrauereien wie Füchschen in der Ratinger Straße, Uerige an der Berger Straße, Schlüssel in der Bolkerstraße sowie Schumacher an der Oststraße eine treue Fangemeinde.

Altbier ist auch als Basis für Biermischgetränke mit Cola oder Malzbier in aller Munde. Beim Mischen mit Cola flockt es nicht aus, was beim Mischen von Pils mit Cola bereits nach kurzer Zeit passiert. Die Mischung Altbier mit Cola heißt Krefelder. Ein weiteres beliebtes Mischgetränk ist Alt-Schuss, bei dem Altbier mit Malzbier gemischt wird. Na dann prost!

21 Was weißt Du-den(n)?
Konrad Alexander Friedrich Duden

Der Name „Duden“ ist auch heute noch mit dem orthografischen Nachschlagewerk – dem Duden – eng verbunden. Der Tipp „Schlag im Duden nach!“ wurde bei Unsicherheiten in der deutschen Rechtschreibung zum geflügelten Wort.

„Auf dem Gebiete der deutschen Rechtschreibung beherrscht augenblicklich ein unerquicklicher und namentlich für die zum Lehren Berufenen unbefriedigender Übergangszustand. Seitdem man vom Baume der Erkenntnis gegessen hat und auf die Mängel der überlieferten Rechtschreibung aufmerksam geworden ist, hat die harmlose Unbefangenheit im Gebrauch des Alten aufgehört, und doch gibt es noch kein Neues, das sich an dessen Stelle hätte setzen können“. Mit diesen Worten wendet sich 1872 ein bis dahin relativ unbekannter Mann, Dr. Konrad Duden, Direktor des Humanistischen Gymnasiums zu Schleiz in Thüringen, an die breite Öffentlichkeit. Es sind die Worte, mit denen sein kleines Buch „Die deutsche Rechtschreibung“ beginnt. Mit dieser Arbeit, mit der er sich in die Diskussion über die Zukunft der deutschen Rechtschreibung einschaltete, wurde er schlagartig bekannt. Wer war dieser Konrad Duden, dessen Name heute im deutschen Sprachgebiet jedem Schulkind ein Begriff ist?

Konrad Alexander Friedrich Duden wurde am 3. Juli 1829 auf Gut Bossigt im Ort Lackhausen, der heute zur Stadt Wesel gehört, als zweites Kind des Gutsbesitzers Johann Konrad Duden und seiner Frau Juliane Charlotte Monjé geboren. Dudens Familie war seit alters her im Rheinland ansässig. Ab 1838 besuchte er die Vereinigte höhere Bürgerschule und Gelehrtenschule in Wesel und studierte nach bestandener Reifeprüfung vier Semester Geschichte, Germanistik und klassische Philologie an der Philosophischen Fakultät der Universität Bonn. Hier besuchte er mit besonderem Interesse die Vorlesungen Ernst Moritz Arndts und wurde Mitglied der Burschenschaft Germania. Nach den ersten vier Semestern brach Duden das Studium ab; wahrscheinlich war ihm das Geld ausgegangen. Im Sommer 1848 übersiedelte er nach Frankfurt am Main, wo er über mehrere Jahre als Hauslehrer bei der Familie des Senators Eduard Franz Souchay seinen Lebensunterhalt verdiente. Auf längeren Auslandsreisen, unter anderem nach England und in die französische Schweiz, konnte er seine Sprachkenntnisse im praktischen Gebrauch vertiefen. Im März 1854 legte Duden in Bonn die Lehramtsprüfung mit der für ihn enttäuschenden Note „Im Ganzen befriedigend“ ab. Zum Schmunzeln veranlasst dabei die Empfehlung der Prüfer, seine Kenntnisse in deutscher Grammatik zu verbessern …

Im gleichen Jahr promovierte Duden in Marburg über die „Antigone“ des Sophokles und erhielt eine Anstellung als Lehrer am Archivgymnasium in Soest.

1869 wurde er als Gymnasialdirektor nach Schleiz berufen, wo er die Regeln für das spätere Wörterbuch erarbeitete. Von 1876 bis 1905 war er Direktor des Königlichen Gymnasiums zu Hersfeld. Hier publizierte er 1880 sein wichtigstes Werk „Vollständiges Orthographisches Wörterbuch der deutschen Sprache". Duden realisierte dadurch die Grundlage für eine einheitliche deutsche Rechtschreibung. Er folgte dabei dem phonetischen Prinzip „Schreibe, wie Du sprichst".

Duden war, allen gegensätzlichen Meinungen zum Trotz, kein trockener Stubengelehrter. Er war Lehrer, Erzieher, Wissenschaftler, Rechtschreibreformer und ein im gesellschaftlichen Leben stets engagierter Zeitgenosse. Er starb am 1. August 1911 in Sonnenberg bei Wiesbaden.

Eine Bronzebüste in seinem Geburtsort Lackhausen erinnert an den „Rechtschreib-Papst" Konrad Duden.

22 Königin der Gemüse
Spargel vom Niederrhein

„citius quam asparagus coqunatur" – Der Auftrag soll schneller ausgeführt werden, als der Spargel zum Kochen benötigt. Mit diesem Satz sollen die Befehle des Spargelliebhabers Kaiser Augustus an seine Diener häufig geendet haben. Bei den Römern war das königliche Gemüse sehr beliebt.

Spargel ist aber schon wesentlich länger bekannt. Einige Autoren vermuten seinen Ursprung im vorderasiatischen Raum. Aber auch im alten China, in Afrika, in Indien oder bei den Indianern in Nord- und Südamerika kannte man ihn schon. Neueste Untersuchungen mittels DNA-Analyse ergaben, dass der Spargel in seiner Urform wahrscheinlich aus dem südlichen Afrika stammt und sich von dort aus weltweit verbreitet hat. Die Herkunft des Namens ist nicht ganz geklärt. Einige Etymologen glauben, er ist abgeleitet vom altpersischen Terminus „spareya" (= Spross) oder vom griechischen Namen „σπαράγγι" (= junger Trieb oder „ich sprosse").

Vermutlich brachten die Römer den Spargel über die Alpen nach Mitteleuropa. Mit dem Zusammenbruch des Römischen Reiches und dessen Kultur verschwand auch der Spargelanbau. Erst um 1565 ist er wieder urkundlich belegt. Die Mönche bauten ihn zunächst als Heilpflanze an. Als solche war er schon den alten Chinesen bekannt. Sie nutzten seine getrockneten Wurzeln als Heilmittel gegen Husten, Geschwüre und Blasenbeschwerden. Auch die Ägypter, Griechen und Römer vertrauten der Heilkraft von wild wachsendem Spargel. Hippokrates aus Kos (ca. 460–370 v. Chr.) betont seine stopfende und harntreibende Wirkung.

Erst später fand der Spargel seinen Weg in die Küchen. Aber zunächst nur in die der europäischen Fürsten und Königshäuser. Zu der Zeit nur in kleinen Mengen angebaut, galt er noch bis ins 18. Jahrhundert als Luxusgemüse und wurde nur zu besonderen Anlässen aufgetischt. Erst im 20. Jahrhundert wurde das Gemüse auch für normale Bürger erschwinglich.

Spargel gedeiht am besten in leichten, sandigen, wasserdurchlässigen und humusreichen Böden, die sich im Frühjahr schnell erwärmen. Niedersachsen, Nordrhein-Westfalen und Brandenburg sind die führenden Spargelanbauländer. Im deutschen Freilandanbau ist der Spargel mit einer Anbaufläche von insgesamt 23.100 Hektar das wichtigste Gemüse.

Die vor Jahrmillionen angeschwemmte Maas-Niers-Düne mit Sand, Lehm und Lös schuf ideale Voraussetzungen für den Spargelanbau am Niederrhein. In der Spargelzeit durchziehen die charakteristischen Spargeldämme große Bereiche des platten Landes. Schwerpunkte des Spargelanbaus liegen hier im Raum Brüggen, Goch, Nettetal, Straelen, Willich und rund um Walbeck. Letzteres gilt für viele als das Mekka der Spargelgenießer. Vom Walbecker Spargel schwärmte ein Berliner Gast bereits Anfang des vergangenen Jahrhunderts:

Ick aß juten Spargel am Oberrhein,
auch in Berlin tat ick mir dran erfreun.
Doch in Walbeck hab ick ihn indessen,
vor lauter Bejeisterung quer jefressen.

Der Mann hatte recht! Ob weißer oder grüner Spargel, ob zu Fleisch, Fisch oder Meeresfrüchten, ob gekocht, gebacken oder gegrillt, mit Soße oder ohne – in Salaten, Omeletts, zu Pasta oder als Beilage – Spargel vom Niederrhein ist immer ein Genuss.

Immer ein Genuss: Spargel vom Niederrhein.

23 Grandiose Aussichten vom Hochofen 5
Der Landschaftspark Duisburg-Nord

Das deutsch-britische Marine-Wettrüsten war Ursache für den Ausbau der Kaiserlichen Marine vor dem Ersten Weltkrieg. Das führte, ebenso wie die zunehmende Nachfrage nach Stahl aus den USA, zu einem Roheisenmangel.

Diese Situation veranlasste August Thyssen 1901 zum Bau eines Hochofenwerks in Meiderich, um dort Roheisen zu produzieren. In unmittelbarer Nähe lagen seine Kohlefelder. Eine ideale Voraussetzung für den Betrieb eines Hochofens. Schon 1903 konnte Hochofen 1 angeblasen werden. Im selben Jahr nahm Hochofen 2 den Betrieb auf. Schlussendlich standen 1912 alle fünf Hochöfen der Aktiengesellschaft für Hüttenbetrieb unter Feuer. Erzeugt wurden in Meiderich Spezialroheisensorten, beispielsweise für die Herstellung von Gussteilen für den Maschinenbau. Die umfangreiche Produktpalette der Hütte führte in Fachkreisen zum Beinamen „Apotheke des Ruhrgebiets“. Zum Verständnis: Roheisen wird unter Beigabe von Zuschlagstoffen wie Siliciumdioxid (Quarzsand), Calciumoxid (Kalk) und Koks aus Eisenerzen geschmolzen. Im Anschluss kann das flüssige Endprodukt zu Stahl weiterverarbeitet werden.

Die weltweite Stahlkrise Mitte der 1970er-Jahre führte zu Überkapazitäten auf dem europäischen Stahlmarkt. Auch das Hüttenwerk in Meiderich musste seine Produktion herunterfahren. Die Absatzkrise verschärfte sich in den nachfolgenden Jahren zunehmend und führte Anfang der 1980er-Jahre zur Stilllegung der Hochöfen 1 und 2. Trotz mehrerer Investitionen endete am 4. April 1985 die letzte Schicht. In den 82 Jahren seines Bestehens wurden im Meidericher Hüttenwerk 37 Millionen Tonnen Roheisen produziert.

Nach ihrer Schließung war die Zukunft der Hütte zunächst ungeklärt. Wie vielen Hinterlassenschaften der Industrie drohte auch ihr zunächst die Demontage. Entscheidend für die Erhaltung des Stahlgiganten waren Ende der 1980er-Jahre die Bemühungen des Landes Nordrhein-Westfalen um einen Strukturwandel im nördlichen Ruhrgebiet. Die sogenannte Emscherzone sollte mithilfe von insgesamt 120 Einzelprojekten wirtschaftliche, soziale und kulturelle Impulse erhalten. Ein Projekt war die Thyssen-Hütte in Meiderich, die als Projekt der Internationalen Bauausstellung Emscher Park zu einem Freizeitgelände, dem Landschaftspark Duisburg-Nord umgestaltet wurde.

In den ehemaligen Werkshallen finden unterschiedliche Kulturveranstaltungen statt. Der Besucher hat die Wahl zwischen Ausstellungen, Konzerten, diversen Sportveranstaltungen wie internationalen Tanzfestivals und Opernaufführungen. Im Spätsommer wird die Gießhalle des Hochofens 1 ein Open-Air-Kino. Im ausgedienten Gasometer befindet sich das größte Indoor-Tauchgewässer Europas. Unter Wasser treffen Taucher auf ein künstli-

Attraktionen im ehemaligen Hüttenwerk: Wo früher die Schornsteine der Hochöfen dampften, wird heute gefeiert, geklettert, getaucht und gewandert.

ches Riff, auf das Wrack einer Motorjacht und den Rumpf eines Flugzeuges. Wenn einmal die Polizei, die Feuerwehr, oder die GSG9 vorbeischwimmt – keine Sorge, die üben hier nur. Kletterbegeisterte kommen im Hochofen-Klettergarten voll auf ihre Kosten. In einer der größten Outdoor-Kletteranlagen Deutschlands können Kletterfans auf über 500 Routen mit unterschiedlichen Schwierigkeitsgraden ihre Geschicklichkeit und Kräfte testen. An Wochenenden taucht eine spektakuläre Lichtinszenierung das Hüttenwerk nach Einbruch der Dunkelheit in grünes, rotes und blaues Licht.

Der Park ist ganzjährig Tag und Nacht geöffnet. Der Eintritt ist frei. Besucher können auf die oberste Plattform des Hochofens 5 steigen und haben dann aus einer Höhe von 70 Metern einen faszinierenden Ausblick über das riesige Gelände des Landschaftsparks, über die Stadt Duisburg, das westliche Ruhrgebiet und den Niederrhein. Sie können sich an industriegeschichtlichen oder naturkundlichen Führungen beteiligen oder im Biergarten des Hüttenmagazins die Seele baumeln lassen. Grünanlagen, Wander- und Radwege, Wasseranlagen und sogar ein Bauernhof lassen fast vergessen, dass hier Generationen von Malochern ihr Brot sauer verdient haben. Die britische Tageszeitung „The Guardian" zählt den Landschaftspark Duisburg-Nord zu den zehn besten Parks der Welt.

24 Kommen Sie, schauen Sie, staunen Sie!
Die Beecker Kirmes

Kirmes – das ist der Duft von gebrannten Mandeln, Popcorn und Bratfisch. Das sind immer neue Fahrgeschäfte nach dem Motto: größer, höher und schneller. Grellbunt angemalte Buden, blinkende Lichter, laute Musik, schrille Signale und schnarrende Animationsstimmen aus überdimensionalen Lautsprechern. Da werden Kindheitserinnerungen an Geisterbahn, Losbuden und Kinderkarussell wach.

Das mittelhochdeutsche Wort „Kirmes" hat aber einen anderen Ursprung. Es bedeutet eigentlich Kirchweihmesse und galt dem Jahrestag der Kirchweihe oder dem Heiligen, dem die Kirche geweiht war. Bereits seit der Spätantike war es üblich, den Tag des Kirchenpatrons, das Kirchweihfest, auch mit außerkirchlichen, bisweilen sogar sehr weltlichen Feiern zu begehen. Zum Weihetag einer Kirche kamen im Mittelalter viele Menschen zusammen. So entwickelte sich das ursprünglich christliche Fest im Laufe der Jahrhunderte zu einem Treffen der Bauern, Händler, Gaukler und Schausteller, eben zu einem Jahrmarkt. Unter den veränderten Bedingungen der Neuzeit fiel die Marktfunktion nach und nach weg. Den Begriff „Kirmes" verbinden heute die wenigsten noch mit der Kirche, sondern eher mit Zuckerwatte und Autoscooter.

Im Jahr 1539 wird die Beecker Kirmes zum ersten Mal urkundlich erwähnt. Seit dieser Zeit wird im Duisburger Stadtteil Beeck das größte Volksfest am Niederrhein gefeiert. Aus dem gesamten Bundesgebiet angereiste Schausteller bereiten mit ihren Fahr- und Schaugeschäften, darunter zahlreiche Attraktionen, den Besucherinnen und Besuchern ein unvergessliches Kirmes-Erlebnis.

Der heute unter Denkmalschutz stehende Oberhof ist der Kern des Beecker Siedlungsgebietes und hat diese Bezeichnung seit dem 17. Jahrhundert. Aufgrund alter Funde wird vermutet, dass der Hof schon um 700 bestand. Der kirchliche Einzugsbereich, auch Kirchspiel genannt, umfasste die Orte Walsum, Schwelgern, Beeck, Stockum, Bruckhausen mit einem Teil der Höfe in der Bauernschaft Buschhausen, Laar und Marxloh. Kirchenpatron der Kirche des Beecker Oberhofs war der Heilige Laurentius. Dessen Festtag fiel auf den 10. August. Dieses Datum war für eine Volksbelustigung etwas ungünstig, weil es in die Haupterntezeit fiel. Daher verschoben die Offiziellen die Kirmes um 14 Tage, damit die Leute eine Gelegenheit zum Besuch des Jahrmarktes hatten. Der war eine sehnsüchtig erwartete Abwechslung im sonst gleichförmigen und harten Alltagsleben der Menschen und die einzigen freien Tage im Jahr. So fand die Beecker Kirmes bis 2017 an jedem Montag nach Bartholomäi (24. August) statt. Die terminliche Nähe zu anderen Kirmesveranstaltungen in Duisburg machte eine Verlegung auf das erste Juli-Wochenende nötig.

Beecks älteste Traditionsveranstaltung findet im Herzen des Stadtteils auf dem Festgelände hinter dem Beecker Oberhof, auf dem Beecker Marktplatz und sogar in den angrenzenden Straßen statt. Bei Familien ist seit Jahren der Montag sehr beliebt, denn dann erhalten Mutti, Vati und Kind bis zu 50 Prozent Ermäßigung. Das entspricht einer alten Tradition. Am Montag besuchten die Beecker nämlich den Schweine- und Krammarkt und trafen sich dann mit ihren Bekannten, Verwandten und Freunden, um mit ihnen in den Gaststätten Beecks und den Tanzsälen im familiären Kreis die Beecker Kirmes zu feiern. In den letzten Jahren erreichte das Volksfest immer die Marke von 300.000 Besucherinnen und Besuchern. Na, dann: einsteigen und dabei sein, eine neue Fahrt, ein neues Vergnügen!

Jetzt geht's rund: Ob Rundfahrgeschäfte, Achterbahn, Kinderkarussells, Los- und Schießbuden, Dosenwerfen oder klassischer Autoscooter – atemberaubende Attraktionen machen die Beecker Kirmes zum Highlight der niederrheinischen Kirmessaison.

25 Die logistische Drehscheibe Europas
Der Duisburger Hafen

Von Duisburg in die Welt – der Duisburger Hafen ist der Platzhirsch unter den Binnenhäfen. Mit 21 Hafenbecken, 1.350 Hektar Fläche, etwa 40 Kilometern Uferlänge und 250 Firmen im Hafengelände ist er die unangefochtene Nummer eins.

Der Hafen an der Mündung der Ruhr in den Rhein ist einer der wichtigsten Umschlagplätze für Waren und Güter aller Art. Dabei fing alles ganz klein an: Am 16. September 1716 entschied der Ruhrorter Magistrat, dass „alhier ein Hafen gemachet werden solle". Der Beschluss für den Bau des Ruhrorter Hafens war auch gleichzeitig die Geburtsstunde des Duisburger Hafens. Die erste Ausbaustufe des Ruhrorter Hafens war ein 1,50 Meter tiefes Becken mit einer Wasserfläche von rund 7.000 Quadratmetern. Das kleine Ruhrort, an der Mündung der Ruhr in den Rhein gelegen, entwickelte sich durch den Umschlag der Ruhrkohle schnell zum wichtigsten Flusshafen. Die zunehmende Kohleförderung und die aufstrebende Eisen- und Stahlindustrie erforderten einen ständigen Ausbau des Hafens. Die stürmische Entwicklung wurde im südlich der Ruhr gelegenen Duisburg mit Argusaugen beobachtet. Es entwickelte sich beim Ausbau der beiden Häfen geradezu ein Wettkampf. Die Duisburger bauten den Außen- und Innenhafen, den Parallelhafen und Hafenanlagen am Hochfelder Rheinufer. In Ruhrort entstanden die großen Hafenbecken A, B und C, womit Meiderich zum wichtigen Hafenstadtteil wurde. Zur Information sei gesagt, dass die Eigentümerin der Häfen südlich der Ruhr die Stadt Duisburg war und die Ruhrorter Häfen zum Land Preußen gehörten. Im Jahr 1905 siegte die Vernunft über den Konkurrenzgedanken. Die Eigentümer setzten sich zusammen und beschlossen die Zusammenlegung zum Duisburger Hafen und die gemeinsame Verwaltung der beiden Hafenanlagen. Dazu beigetragen hat auch der Zusammenschluss der Städte Meiderich, Ruhrort und Duisburg zur neuen Stadt Duisburg.

Heute bestehen die 21 öffentlichen Hafenbecken aus einer Wasserfläche von über 180 Hektar. Die Uferlänge beträgt 40 Kilometer, davon 15 Kilometer Umschlagufer mit Gleisanschluss. Pro Jahr werden über 20.000 Schiffe und 25.000 Züge abgefertigt und mehrere Millionen Container umgeschlagen. Eindrucksvolle Schiffe aus aller Herren Länder liegen in Duisburg vor Anker und warten auf ihre nächste Tour. Über den Niederrhein hat der Duisburger Hafen einen direkten Zugang zu den drei großen Rhein-Mündungshäfen Rotterdam, Amsterdam und Antwerpen und von dort zu den Weltmeeren. Der Standort ist die führende Logistikdrehscheibe in Zentraleuropa. Hier werden 131 Millionen Tonnen Waren pro Jahr umgeschlagen. Der Duisburger Hafen ist damit der größte Binnenhafen Europas und in Gesamtbetrachtung aller öffentlichen und privaten

Der Duisburger Hafen ist der größte Binnenhafen der Welt und das führende Logistikzentrum in Mitteleuropa.

Hafenanlagen der größte Binnenhafen der Welt.

Logistische Konzepte sind aber nicht in Stein gemeißelt. Sie erfordern stetige Anpassungen an die sich verändernden Rahmenbedingungen. Der Duisburger Hafen hat die Umstellung vom reinen Umschlagsplatz zum Distributions- und Dienstleistungscenter eindrucksvoll gemeistert.

Die Ausmaße und die Arbeiten rund um den Hafen sind am besten vom Schiff aus zu beobachten. Eine Hafenrundfahrt bietet viele Einblicke in die Umschlagplätze und beim Beladen und Löschen der Güter.

26 Landmarke an einem bedeutenden Ort
Die Skulptur „Rheinorange"

An Rheinkilometer 780, wo sich die Ruhr mit dem Rhein vereinigt, liegt die Stadt Duisburg. Man könnte darüber spekulieren, ob die Stadt ohne das Zusammentreffen der beiden Flüsse überhaupt entstanden wäre.

Von großer Bedeutung wurde der Standort zur Zeit der Industrialisierung des Ruhrgebietes, durch die sich der damals noch unbedeutende Duisburger Hafen zum größten Binnenhafen der Welt entwickelte. Somit hat der Ort an der Ruhrmündung für die Stadt Duisburg einen besonderen geschichtlichen Rang. Grund genug, ihn mit einem Kunstwerk zu markieren: Inmitten des Duisburger Hafengebietes, vor einem sich breit entfaltenden Industriepanorama steht seit 1992, senkrecht aus dem Boden emporwachsend, ein monumentaler Farbkörper in der Landschaft, die „Rheinorange". Mit einer Höhe von 25 Metern, sieben Metern Breite, einem Meter Tiefe und einem Gewicht von 83 Tonnen ist der in monochromem Orange lackierte Stahlkörper weithin sichtbar. Das Material Stahl verweist hier auf einen der zentralen Wirtschaftsbereiche der Stadt. Die Form erinnert an eine Stahlbramme. In dieser Art werden im Stranggussverfahren Blöcke aus Stahl gefertigt, um sie für die weitere Verarbeitung vorzubereiten. Der Name „Rheinorange" ist ein Wortspiel. Die Skulptur ist mit der signalhaften Orangefarbe RAL 2004, dem sogenannten Reinorange, eingefärbt und hat daher ihren Namen erhalten. Die signalhafte Farbe hat eine beabsichtigte Fernwirkung, mit der der Kölner Bildhauer Lutz Fritsch einen kraftvollen Akzent zur bewegten Industriekulisse setzen wollte. Es ging ihm darum, „eine Farb-Form-Situation zu finden, die auf diesen vielfältigen Ort eingeht, die unterschiedlichsten Erlebnismöglichkeiten des Ortes zulässt, auf den Ort aufmerksam macht, ihn zeigt".

Ihre Breitseite kehrt die Skulptur der Ruhr und Ruhrort zu, die Längsausrichtung liegt auf einer Achse Homberger Kirchturm und Fina-Schornstein quer zum Rhein. Wie ein Leuchtturm der anderen Art begleitet sie die Abfahrenden und begrüßt die Ankommenden – ein Signal für das neue Duisburg und seine Häfen. Das Kunstwerk ist eine der bedeutendsten Landmarken Deutschlands. Es ist ein Zeichen für den erfolgreichen Strukturwandel der Stadt und verweist auf die gestalterische Kraft der Wirtschaft.

„Rheinorange" wurde auf Initiative der Wirtschaftsjunioren Duisburg errichtet. Unterstützung leisteten die Niederrheinische Industrie- und Handelskammer Duisburg-Wesel-Kleve, der Unternehmerverband Ruhr-Niederrhein und über 60 Unternehmen aus dem Duisburger Wirtschaftsraum. Kooperationspartner bei dem Projekt waren das Wilhelm-Lehmbruck-Museum und die Stadt Duisburg.

Die Skulptur ist heute für die Schifffahrt ein zentraler Orientierungspunkt. Sie ist der Zielpunkt von Wanderern und

Radfahrern. Hier, tief im Westen enden der 230 Kilometer lange Ruhrtalradweg sowie die „Tortour de Ruhr“, der längste Ultramarathon Deutschlands. Das Kunstwerk ist zudem Bestandteil der Route der Industriekultur.

Zahlen und Fakten für die Technikfreunde:
Maße
- Höhe: 25 Meter
- Breite: 7 Meter
- Tiefe: 1 Meter
- Gewicht: 83 Tonnen

Material
- Stahl, in 120 Einzelblechen geliefert und zusammengeschweißt
- Farbe: 700 kg RAL 2004, seidenglänzend

Fundament
- Für die Befestigung wurde eine Grube von 400 Kubikmetern ausgehoben;
- 8 Tonnen Stahlgeflecht in 400 Tonnen Beton zur Fixierung eines Rahmens wurden darin verbaut;
- „Rheinorange“ wurde mit 76 Ankerschrauben am Rahmen befestigt.

Die Skulptur „Rheinorange“ an der Mündung der Ruhr in den Rhein ist ein Kennzeichen für die Hafen- und Stahlstadt Duisburg.

27 „Ja, wo laufen sie denn …" Die Trabrennbahn in Dinslaken

Gerard Mascle mit dem legendären „Axius", Alain Delons „Equileo", „Pershing", „Mustard", „Madison Avenue", „Jorky" oder „Micado C" – Namen, bei deren Nennung Traberexperten vor Entzücken in Ohnmacht fallen!

1948 gründeten einige Pferdeenthusiasten den Niederrheinischen Traber-Zucht- und Rennverein e. V. Eines seiner Ziele war neben der Zucht auch der Bau einer Trabrennbahn. Auf der Suche nach einer geeigneten Fläche stießen sie auf das Bärenkampgelände in Dinslaken, das damals noch landwirtschaftlich genutzt wurde. Aufgrund der allgemein schlechten Ernährungssituation kurz nach dem Krieg war aber die Bewirtschaftung der Felder wichtiger als der Bau einer Rennbahn. Der Stadtrat stellte die Baupläne deshalb vorerst zurück.

Im Jahr 1953 nahm der Verein einen neuen Anlauf und lud die Stadtväter zu einer Besichtigungsfahrt der Trabrennbahn im holländischen Hilversum ein. Sie sollte als Vorbild für das in Dinslaken zu schaffende Gelände dienen. Die Anlage in den Niederlanden überzeugte die Ratsherren und schon im Juni 1953 wurde der Grundstein zum Bau der Rennbahn gelegt.

Am 25. Juli 1954 war es dann so weit: Obwohl es wie aus Kübeln goss, wollten 15.000 Zuschauer zum Start der ersten Rennen am Bärenkamp dabei sein. Eine schlichte Holzbaracke bot den Zuschauern Schutz vor dem Regen. Auch die Stallungen waren anfangs sehr einfach. In umgebauten Kuhställen fanden zunächst 30 Pferde eine Unterkunft.

Die erste Siegerin war „Burgkleine" aus dem Stall von Hermann Kramme. Sie gewann den Preis von Walsum in einer für heute nicht gerade schnellen Zeit von 1:29,8 Minuten über 1.680 Meter. Eine etwas schnellere Siegerin sahen die Besucher dann mit „Makrone" im Großen Preis von Dinslaken. Deren Fahrer, Bernhard Geuting, gehörte danach über viele Jahre zu den Erfolgsgaranten am Bärenkamp und seine Traberzucht war über die Stadtgrenzen hinaus berühmt. Später hatte sich – neben anderen Tabergrößen – mit „Atom"-Rolf Dautzenberg der begehrteste Berufsfahrer seiner Zeit am Bärenkamp niedergelassen. Von hier aus gewann er alles, was es zu gewinnen gab: den Titel des Champions, er wurde Europameister und Derbysieger.

Der Große Preis von Dinslaken, im Gründungsjahr noch mit 700 D-Mark dotiert, entwickelte sich in den nächsten Jahren zu einem Highlight des europäischen Trabrennsports. Die Spitzendotierung betrug schließlich 150.000 D-Mark. In den 1970er- und 1980er-Jahren gaben sich hier internationale Fahrer ein Stelldichein. Jean-Claude Hallais holte mit „Beauchanaise F" 1974 dieses Großereignis nach Frankreich. Dinslaken war Austragungsort mehrerer Traber-Europameisterschaften, der Weltmeisterschaft

Die Trabrennbahn in Dinslaken ist Deutschlands einzige Halbmeilen-Trabrennbahn und die Rennlänge der Bahn mit 800 Metern die kürzeste Deutschlands. Das sorgt für eine ganz besondere Atmosphäre, wodurch die Zuschauer gewissermaßen auf Tuchfühlung mit den Trabern sind.

1997 und zahlloser Gästefahrern mit prominenter Beteiligung.

Aktuelle Highlights sind der Große Preis der „NRZ" und der Pokal der Rheinfels-Quelle. Die Bahn in Dinslaken ist mit einer Länge von 800 Metern die kürzeste und die einzige Halbmeilen-Trabrennbahn in Deutschland. Das garantiert eine ganz besondere Atmosphäre. Die Zuschauer gehen an der Rennbahn beinahe auf direkte Tuchfühlung mit den schnellen Trabern und ihren Fahrern.

Aufgrund der allseits rückläufigen Umsätze hat sich der Verein neben dem Rennsport noch ein zweites Standbein geschaffen. So findet hier jährlich die Martinikirmes und wöchentlich ein Trödelmarkt statt. Die Freunde von Windhundrennen nutzen ebenfalls die Vorzüge der Dinslakener Bahn. Sie ist auch Ort unterschiedlicher Ausstellungen und Festlichkeiten. Die Uni Duisburg und die Industrie- und Handelskammer Duisburg-Wesel-Kleve lassen ihre Studenten und Schüler auf der Rennbahn ihre Klausuren schreiben. Diese und weitere Aktivitäten zeugen von der Vielseitigkeit der Rennbahn und machen sie dadurch nicht nur in den Kreisen von Pferdesportlern über die Grenzen Dinslakens hinaus bekannt.

28 Neies vun de Pälzer
Die pfälzische Sprachenklave

Na klar, am Niederrhein wird, je nach Region leicht abgewandelt, das niederrheinische Plattdeutsch gesprochen. Allerdings nicht überall am Niederrhein. Ganz in der Nähe von Goch, Kleve und Kalkar scheint die Geografie etwas durcheinandergeraten zu sein. Hier am unteren Niederrhein, genauer gesagt in Pfalzdorf, Louisendorf und Neulouisendorf, wird seit Jahrhunderten pfälzisch gebabbelt.

Religiöse Unterdrückung, kriegerische Verwüstungen und wirtschaftlich elende Verhältnisse zwangen Pfälzer aus dem Raum Simmern, Bingen und Bad Kreuznach im 18. Jahrhundert dazu, ihre Heimat zu verlassen. Ziel der Aussiedler war Pennsylvania in Amerika, wo sie Armut und religiöse Verfolgung hinter sich lassen wollten. Dort hatten sich schon viele ihrer Landsleute niedergelassen. Die Amerikaner nannten sie „poor Palatines", die armen Pfälzer.

So machten sich im Juni 1741 drei große Rheinschiffe von Bacharach auf den Weg nach Rotterdam. Von dort aus sollte ein Handelsschiff, meist unter englischer Flagge fahrend, die Pfälzer ins gelobte Land bringen. Doch dieses Mal scheiterte die Abfahrt. Endstation für die Auswanderer war nicht der niederländische Seehafen, sondern Schenkenschanz, heute ein Ortsteil von Kleve, damals eine zu den Niederlanden gehörende Grenzstation.

Warum ging es nicht weiter? Mehrere Gründe verhinderten die Überfahrt. England führte seit 1739 gegen Spanien einen Seekrieg. Hierdurch wurde die Überfahrt englischer Handelsschiffe nach Amerika stark eingeschränkt. Andere Emigranten wurden durch betrügerische Agenten (den heutigen Schlepperbanden) nur bis Rotterdam gebracht und dort ihrem Schicksal überlassen. Es sammelten sich in der Umgebung des Hafens immer mehr Flüchtlinge an. Die niederländische Regierung beschloss daher, nur noch Auswanderer ins Land zu lassen, die einen zugesicherten Platz auf einem Seeschiff nachweisen konnten. Viele der kurpfälzischen Aussiedler waren aber nicht in der Lage, die geforderten Papiere beizubringen. Die Unglücklichen befanden sich in einer scheinbar hoffnungslosen Lage. Sie kamen nicht mehr voran, konnten aber auch nicht mehr zurück. Jetzt saßen sie in Schenkenschanz fest und mussten ihr Lager vorerst am Rheinufer aufschlagen.

Nach längeren Verhandlungen mit der preußischen Kriegs- und Domänenkammer in Kleve verpachtete man den Emigranten im Herbst 1741 einen Teil der Gocher Heide. Die ersten Jahre wurden von großen Schwierigkeiten begleitet. Die mangelnde Ernährung und eine Seuche hätten die Besiedlung fast zum Scheitern gebracht. Mit unermüdlichem Eifer schafften es die Pfälzer Auswanderer, das ihnen zur Verfügung gestellte Siedlungsgebiet urbar zu machen. Pfalzdorf entstand. In den nächsten drei Jahrzehnten

Der Blick aus der Vogelperspektive auf den rautenförmigen Dorfplatz von Louisendorf verrät, dass die Ortschaft auch unter architektonischen Gesichtspunkten außergewöhnlich ist.

wuchs die Bevölkerung durch eine große Zahl weiterer Einwanderer. In Pfalzdorf fehlten nun weitere Siedlerstellen. So wurden 1820 Louisendorf und 1831 Neulouisendorf gegründet. Aufgrund des eigenen Siedlungsgebiets in einer ansonsten katholisch geprägten Umgebung vermischten sich die evangelischen Siedler nicht mit der ansässigen Bevölkerung. Hierdurch konnten sie unter anderem ihren pfälzischen Dialekt bis in die Gegenwart beibehalten. Ganz im Gegensatz zu den Pfälzern, die im evangelischen Ostfriesland siedelten und sich dort sehr rasch anpassten. Durch den Pfälzerbund am Niederrhein, die Erforschung ihrer eigenen Geschichte und die Pflege von Volkstanz und den alten Gebräuchen bilden Pfalzdorf, Louisendorf und Neulouisendorf noch heute eine Sprachenklave und eine evangelische Religionsinsel am unteren Niederrhein.

29 Ein Leben für die Technik
Hugo Junkers

Hugo Junkers – ein herausragender deutscher Denker und Ingenieur, der die deutsche Luftfahrtgeschichte entscheidend prägte und den technischen Fortschritt auf verschiedenen Gebieten bereicherte – wurde am 3. Februar 1859 in der damals noch selbstständigen Stadt Rheydt am Niederrhein geboren.

Hugo Junkers war einer der sieben Söhne von Heinrich Junkers, eines Weberei- und Ziegeleibesitzers, und dessen Ehefrau Luise Vierhaus. Von 1864 bis 1875 besuchte er die Höhere Bürgerschule in Rheydt und später die Höhere Gewerbeschule in Barmen, wo er 1878 das Abitur ablegte. Anschließend arbeitete Hugo Junkers als Praktikant in der Maschinenfabrik von Klingelhöffer in Rheydt. Danach studierte er Maschinenbau an der Technischen Hochschule Charlottenburg, an der Polytechnischen Hochschule in Karlsruhe und schließlich wieder in Berlin. Hier war es Adolf Slaby, ein Professor für Elektro- und Thermodynamik, der Junkers' Interesse an den thermodynamischen Problemen der Verbrennungsmotoren weckte. Seine Studienjahre endeten mit dem Abschlussexamen im Jahr 1883 in Aachen.

Nach ersten beruflichen Erfahrungen als Konstrukteur in verschiedenen Firmen in Aachen und in der väterlichen Firma in Rheydt ging Junkers erneut an die Technische Hochschule Charlottenburg. Hier hörte er bei Adolf Slaby weitere Vorlesungen in Elektro- und Thermodynamik. Slaby war es auch, der Junkers eine Anstellung als Ingenieur für die Gasmotorenentwicklung in der Deutschen Continental-Gas-Gesellschaft Dessau vermittelte. Mit dem Sohn des Generaldirektors, Wilhelm von Oechelhaeuser jun., gründete Junkers 1890 die Versuchsstation für Gasmotoren von Oechelhaeuser und Junkers. Zusammen entwickelten sie den ersten Zweitakt-Gegenkolben-Gasmotor, den Junkers später überarbeitete und der als Junkersmotor die Grundlage für künftige Flugzeugmotoren bildete. Weitere Forschungen zur Wärmeübertragung mündeten in Patente unter anderem für den Kalorimeter, den Gasbadeofen und den Durchlauferhitzer, die Junkers in seiner 1895 in Dessau gegründeten Firma Junkers & Co. wirtschaftlich verwertete. Neben seinem unternehmerischen Engagement nahm Junkers 1897 eine Berufung zum Professor an der Technischen Hochschule Aachen an. Am 31. März 1898 heiratete Junkers die Dessauer Bürgerstochter Therese Bennhold. Aus der Ehe gingen sieben Töchter und fünf Söhne hervor.

Der Erste Weltkrieg veranlasste Hugo Junkers, sich intensiver mit den Grundlagen der Fertigung von Ganzmetallflugzeugen zu befassen. Bis dahin bestanden die ersten Flugzeuge noch aus Eisenblech und waren dadurch sehr schwer und langsam. 1914 erhielt Junkers den Auftrag, ein solches Flugzeug zu entwickeln. Schon am 12. Dezember 1915 startete die J 1 zu ihrem Erstflug. Bis 1932 wurden in

Hugo Junkers gilt als Vater der zivilen Luftfahrt. Der Ingenieur aus Rheydt baute unter anderem das erste Ganzmetall-Verkehrsflugzeug.

der Junkers-Flugzeugwerke AG in Dessau 30 verschiedene Flugzeugtypen entwickelt, unter anderem auch die Junkers Ju 52/3m, ein Passagierflugzeug für 15 Fluggäste. Die Ju 52 war aufgrund ihrer stabilen Ausführung und sicheren Bauweise, auch wegen der Zuverlässigkeit der Motoren das neben der US-amerikanischen Douglas DC-3 am meisten eingesetzte Flugzeug der damaligen Zeit. Sie erhielt den liebevollen Beinamen „Tante Ju". Die Maschine prägte den zivilen Luftverkehr wie nur wenige Flugzeuge und ist heute eine der bekanntesten historischen Maschinen aus deutscher Produktion überhaupt. Einige der Ju 52/3m sind erhalten geblieben und werden heute zum Teil für Oldtimer-Flüge eingesetzt.

Nach dem Ersten Weltkrieg änderte Junkers seine Einstellung zum Flugzeugbau. Er stellte sich nachdrücklich gegen die militärische Nutzung der Luftfahrt und wollte Flugzeuge nur noch für die zivile Luftfahrt bauen. Deshalb erklärten ihn die Nationalsozialisten zur politisch unzuverlässigen Person. Sie enteigneten Junkers und zwangen ihn zur Übereignung seiner Patente und Aktien an das Deutsche Reich. Ab dieser Zeit widmete sich Junkers auf privater Ebene einer seiner früheren Forschungsinteressen, dem Hochhausbau aus Metall.

Am 3. Februar 1935 starb Hugo Junkers und wurde auf dem Münchner Waldfriedhof beigesetzt.

30 Eine Wasserstraße spielt Verstecken

Der Nordkanal

Zwischen 1792 und 1815 war Frankreich Herr über halb Europa. Während dieser sogenannten Franzosenzeit annektierte Napoleon die linksrheinischen Gebiete, die den rechtlichen, administrativen und politischen Gegebenheiten Frankreichs angepasst wurden. Die Neuerungen veränderten jahrhundertealte Strukturen. Trotz des Besatzungsstatutes blies ein frischer Wind von Aufklärung und Aufbruch, von Fortschritt und Modernisierung in die rigiden deutschen Verhältnisse.

Ein Plan der französischen Regierung war die Verbesserung der Transportwege im Rheinland. Dazu gehörte auch die Idee einer Wiederaufnahme des Kanalbaus vom Rhein zur Maas und von der Maas bis zur Schelde.

Die Idee einer künstlichen Wasserstraße war nicht neu. Schon im 17. Jahrhundert versuchte die Statthalterin der spanischen Niederlande, Erzherzogin Clara Isabella Eugenia, Rhein, Maas und Schelde zu vernetzen. Napoleon wollte mit dem Bau eines neuen Kanals Antwerpen, damals französischer Seehafen, und die von Frankreich besetzten südniederländischen Gebiete auf kürzestem Weg mit den Handelszentren am Rhein verbinden. Er hatte mit dem Bau des Kanals aber auch noch ein anderes Ziel. Ab 1806 führte Napoleon mit der Verhängung der Kontinentalsperre einen Wirtschaftskrieg gegen das Vereinigte Königreich und dessen Kolonien. Ziel der Blockade war die Unterbindung des kompletten Handels mit dem europäischen Festland. Die Rheinschifffahrt sollte durch den Bau des Kanals weg von Holland in einen inländischen, also nun französischen Seehafen umgeleitet werden und Antwerpen an der Schelde Zielpunkt des Kanals werden. Dadurch wäre der Handel von den holländischen Seehäfen abgezogen worden. Das zu der Zeit selbstständige Königreich Holland, das als Anrainer des Rhein-Mündungsgebietes Nutznießer des Handelsverkehrs war, widersetzte sich verständlicherweise diesen Bestrebungen. Die gewinnbringende Schlüsselstellung wäre durch den Bau des Kanals verloren gegangen.

1808 begannen die Bauarbeiten des „Grand Canal du Nord“, des Nordkanals. Ursprünglich sollte er rund 200 Kilometer lang werden. Die Fahrrinne war mit 22 Metern für damalige Verhältnisse außerordentlich breit bemessen, zahlreiche Schleusen und andere Spezialbauwerke gehörten mit zum Plan. Lastkähne beladen mit Gütern von 200 bis 400 Tonnen sollten auf dem sechs Meter breiten und 1,40 Meter hohen Damm von Pferden getreidelt werden. Die Gesamtlänge der Strecke zwischen Rhein und Maas betrug 53 Kilometer. Die Trasse verlief von Ost nach West, bei Grimlinghausen am Rhein beginnend, südlich an Neuss vorbei, zwischen Kaarst und Holzbüttgen hindurch, südlich von

Das Epanchoir, ein raffiniertes Staubecken des Nordkanals mit Schleusenwerk in Neuss, wurde von Napoleons Ingenieuren zur Regulierung des Wasserstands gebaut.

Schiefbahn und Neersen bis zum Niers-tal, östlich an Viersen und Süchteln sowie westlich an Grefrath und Vinkrath vorbei. Am Schwiershof ins Nettetal bis zu den Krickenbecker Seen, dann bei Herschel westlich an Herongen vorbei und abschließend in einer großen Linkskurve nach Venlo.

1810 setzte Napoleon seinen Bruder Lodewijk als König von Holland ab und gliederte das Territorium dem französischen Reich hinzu. Hierdurch hatte er uneingeschränkten Zugang zur Nordsee und damit auch zu den niederländischen Seehäfen. Der Nordkanal war überflüssig geworden, der Bau wurde eingestellt. Daher ist die Wasserstraße heute nur in Fragmenten sichtbar.

Die 100 Kilometer lange Radroute Fietsallee verläuft zwischen Neuss und Nederweert entlang des Nordkanals und berührt dabei alle am Bau der Wasserstraße beteiligten Orte. Entlang der Strecke lassen sich die alten Spuren der Wasserstraße erkunden. Teilweise intakte Kanalabschnitte, ausgeschachtete Kanalbecken, Schleusen, Schleusenwärterhäuschen und Straßennamen erinnern an Napoleon Bonapartes geplantes Projekt.

31 Beginn einer Fußballrivalität

Kassenschlager in Kleve

Wer hätte das gedacht! Das erste Länderspiel gegen die Niederlande auf deutschem Boden fand nicht, wie zu erwarten wäre, in Hamburg, Berlin oder Leipzig statt, sondern 1910 in – Kleve oder besser in Cleve, wie die Stadt zu der Zeit geschrieben wurde. Auf dem vereinseigenen Sportplatz des VfB 03 Cleve an der Triftstraße gewannen die Niederländer mit 2:1.

Im Bericht des „Clever Kreisblattes" am Tag danach ist nachzulesen: „Die Holländer (alle Stürmer aus einem Verein) waren den Deutschen in Zusammenspiel und Schnelligkeit überlegen. Die deutschen Spieler zeigten Unsicherheiten, bewiesen jedoch große Fairness. In der achten Minute schoss der holländische Linksinnenstürmer das erste Tor für seine Mannschaft. Nach weiteren acht Minuten fiel durch den Linksaußen das 2:0 für Holland. Noch vor der Halbzeitpause konnte der deutsche Linksaußen mit seinem Anschlusstreffer das Resultat verbessern. Die zweite Halbzeit brachte leider keinen Torerfolg, die Holländer gewannen das Clever Länderspiel mit 2:1 Toren. Dieser Sieg mit hochspannenden Momenten wurde enthusiastisch von den niederländischen Gästen gefeiert." Weiter heißt es: „Auf deutscher Seite wurde fair gespielt, was man leider von den Holländern nicht immer behaupten kann."

Die Spielhärte war nicht der einzige Grund für die Niederlage. Warum die Holländer besser waren, wusste ebenfalls das „Clever Kreisblatt": „... bei denen erfreut sich der Fußballsport einem weit größeren Interesse als bei uns ..." Bezeichnend dafür war, dass die „feindlichen" holländischen Nachbarn den größeren Anteil der 10.000 Zuschauer in der Schwanenstadt stellten. Mit diesem Satz brachte der Journalist die Situation des deutschen Fußballs zur Kaiserzeit auf den Punkt. Nach der Gründung des DFB im Jahr 1900 war das Fußballspiel in Deutschland noch längst nicht überall gesellschaftsfähig. Je mehr es sich ausbreitete, desto größer wurde der Widerstand dagegen, der teilweise bizarre Formen annahm. „Stauchballspiel", „Sportfexerei", „englischer Aftersport", „Fußlümmelei" oder „undeutsches Spiel" wurden zu gängigen Herabwürdigungen. Das damals neue Spiel hatte zu der Zeit in Deutschland einen Stellenwert wie heute Unterwasser-Rugby oder Rhönradturnen. Bis in die Zeit der Weimarer Republik gab es keinen Bundestrainer. Damals bestimmte ein Spielausschuss die Kaderzusammensetzung – heute kaum vorstellbar. Erst ab 1908 trug die Auswahl des DFB sogenannte Länder-Wettkämpfe aus und galt bis Mitte der 1920er-Jahre als drittklassig. So verdankten manche Nationalspieler ihren Einsatz kuriosen Umständen.

Bis heute unübertroffen ist die Aufstellung der Nationalmannschaft beim Länderspiel am 16. Mai 1910 gegen Belgien im Duisburger Grunewaldstadion. Ein halbes Jahr vor dem Länderspiel gegen die Niederlande in Kleve führte das Organisationschaos im DFB und das Kompetenzgerangel mit den Landesver-

Beginn einer Fußballrivalität: Am 16. Oktober 1910 empfing die DFB-Auswahl in Kleve die Elf des niederländischen Nachbarn erstmals auf deutschem Boden.

bänden dazu, dass nominierte Spieler nicht nach Duisburg reisten. So waren gerade einmal sieben Stammspieler anwesend. Auf keinen Fall wollte man die Belgier jedoch ohne Spiel wieder nach Hause schicken. Die Rettung saß auf der Tribüne. Hier wollten sich die Fußballspieler Alfred Berghausen und Andreas Breynk von Preußen Duisburg sowie Lothar Budzinski-Kreth und Christian Schilling vom Duisburger SV in aller Ruhe das Länderspiel ansehen. Daraus wurde allerdings nichts, weil ihnen kurzerhand das Nationaltrikot übergestülpt wurde. Dadurch kamen die Duisburger zu Nationalspieler-Ehren wie die Jungfrau zum Kind. Die deutsche Mannschaft verlor vor 8.000 Zuschauern ihr erstes Länderspiel gegen eine belgische Auswahl mit 0:3. Andreas Breynk wanderte ein Jahr später nach Russland aus. Ob die Niederlage der Grund dafür war, ist nicht bekannt.

Oha! Wie kamen wir denn nun vom niederrheinischen Kleve ins ferne Russland? Tja, die Fußballbegeisterten unter Ihnen werden dafür sicher Verständnis haben. Denn mal ehrlich: Wer hat sich beim Thema Fußball noch nicht verplaudert?

32 Von der Waffenübung zum frohen Spiel
Das Neusser Bürger-Schützenfest

Nahezu in jedem größeren Dorf, in vielen Städten und Stadtteilen Deutschlands und im benachbarten Ausland gibt es einen Schützenverein. Einer der Höhepunkte der Schützensaison ist das Schützenfest. Diese haben eine lange Tradition, die bis ins Mittelalter zurückreicht.

Älteste urkundliche Erwähnungen von Schützengilden stammen aus dem Jahr 1139. Die heutigen Schützenfeste sind ein Ort des frohen Spiels. Das war nicht immer so. Im Mittelalter existierte noch kein Polizeidienst. Bis weit in den Absolutismus hinein waren Gardisten, Büttel, Nachtwächter und andere Bedienstete in erster Linie Ordnungshüter. Deren Anwesenheit und Einsatz reichten aber oftmals nicht aus, um die Bewohner in den Städten gegen Gesindel, brandschatzende Banden, Plünderer und Räuber zu schützen. So bestand die ursprüngliche Funktion und Aufgabe der Schützen darin, ähnlich einer Bürgerwehr, die Städte in einem Krisenfall vor jeglicher Unbill zu verteidigen. Schusswaffen waren damals Pfeil und Bogen sowie die wesentlich durchschlagskräftigere Armbrust. Zu Übungszwecken wurden jährlich Stadtschießen oder eben Schützenfeste veranstaltet. An der Kirchweih oder am Festtag eines Schutzheiligen musterten die Schützen die Waffen und verglichen ihre Zielsicherheit bei einem Wettschießen. Den Gewinnern winkten neben Ehre und Auszeichnungen – es gab damals schon Schützenkönige – auch materielle Preise. Gutes Essen und Trinken trugen zur guten Laune bei und das Tanzbein kam auch in Schwung. Die älteste überlieferte Organisation, die in Neuss solche Übungen abhielt, ist die St.-Sebastianus-Schützenbruderschaft von 1415.

Die Tradition der Wettbewerbe wurde stetig fortgesetzt, woraus sich im Laufe der Zeit die heutigen Schützenfeste entwickelten. Mit der Einführung des Söldnerdienstes verlor das Schützenwesen aber seinen militärischen Charakter und die Schützenfeste dienten zunehmend der Traditionspflege und der Geselligkeit.

Das Neusser Schützenfest in seiner heutigen Form geht auf das Jahr 1823 zurück. Nach dem Ende der französischen Besatzung unter Napoleon stellte die Neusser Junggesellen-Sodalität einen Antrag, parallel zur bereits existierenden Bartholomäuskirmes ein Vogelschießen sowie einen Festumzug veranstalten zu dürfen. Bei der Premiere machten etwa 100 Teilnehmer mit, ein Jahr später hatte sich die Zahl der Aktiven schon auf 135 erhöht. 1834 wurde die Bezeichnung Neusser Bürger-Schützenfest eingeführt und das bis auf wenige Änderungen noch heute gültige Festprogramm aufgestellt. Beim ersten Schützenfest 1823 befehligte ein General 100 Mann. Heute kommandiert kein General, sondern „nur“ ein Oberst das Regiment

Das Neusser Grenadierkorps von 1823 bei der Königsparade auf dem Neusser Markt.

der Neusser Schützen, das mittlerweile 6.600 Mann zählt.

Beim Neusser Bürger-Schützenfest, das jährlich am letzten Augustwochenende ausgerichtet wird, marschieren mehr als 7.700 Schützen und Musiker mit. Es ist das weltweit größte Schützenfest, das von einem einzigen Schützenverein organisiert wird und bei dem keine Gastzüge aus anderen Städten teilnehmen. Bis zu einer Million Besucher kommen jährlich zur Feier nach Neuss. Rekordjahr war 2007 mit 1,5 Millionen Gästen.

Wer sich für die Historie dieser über 700-jährigen Tradition interessiert, sollte das Rheinische Schützenmuseum in Neuss besuchen. Es führt durch die Geschichte des rheinischen Schützenwesens vom Mittelalter und der Frühen Neuzeit über das 19. Jahrhundert bis in die unmittelbare Gegenwart. Zu sehen sind Orden, Pokale, Ketten, Uniformen, Fahnen, Plakate, Fotos und vieles mehr.

33 Kamelle, Küsschen und Krawatten
Karneval am Niederrhein

Auch am Niederrhein gibt es unendlich viele Möglichkeiten, ins Fettnäpfchen zu treten. Eine Gelegenheit wäre, in Mönchengladbach lauthals Loblieder über den 1. FC Köln zu singen. Oder, apropos Köln, während des Rosenmontagszuges in Düsseldorf Alaaf zu rufen. Da kann der Rufer von Glück reden, wenn er nicht plötzlich an einer Überdosis Kamelle erstickt. Helau hätte ihn vor dem Zuckerschock bewahrt. Was steckt nun hinter den beiden Wörtern?

Beide Begriff sind Narren- oder Schlachtrufe in den Karnevalshochburgen. Wobei im Kölner Raum Alaaf (al-aff = nichts geht über [Köln]) und am Niederrhein Helau gerufen wird. Augenzwinkernd sagt der Niederrheiner, der ja bekanntlich nichts weiß, aber alles erklären kann: „Helau ist wie Alaaf, nur mit Stimmung".

Über die Herkunft der Worte „Helau" und „Karneval" gibt es unterschiedliche Theorien. Helau könnte eine Ableitung von Halleluja sein. Ein anderer Erklärungsversuch meint, Helau kommt von den Termini „Hölle auf" beziehungsweise „hel auf", weil an Karneval der Winter und die bösen Geister, die bei der Öffnung der Hölle auf die Erde kamen, vertrieben wurden. Schon die alten Germanen, die vor langer Zeit den Niederrhein besiedelten, gaben sich mit besonderer Ausdauer den Festen der Winteraustreibung und des Frühlingserwachens hin. Man hatte ja damals noch Zeit! Auch die nachfolgenden Völker des Niederrheins, die Römer, die Franken und die Christen verstanden es, berauschende Frühlingsfeste zu feiern. Der Karneval am Niederrhein ist also so alt wie der Niederrhein selbst.

Die ausschweifenden und endlosen Feste gefielen dem Papst Gregor überhaupt nicht; vielleicht, weil er nicht dabei sein konnte … Im Jahr 600 führte er eine Art „Narrenstopper", den Aschermittwoch, ein. Bald hieß die Nacht von Dienstag auf Mittwoch Fastnacht. Am Mittwoch wurde nur Fisch verzehrt und bis Ostern gefastet. Grund genug für die Menschen, sich vor Beginn der Fastenzeit noch einmal richtig auszutoben. Sie zogen lärmend und mit scheußlichen Masken vor dem Gesicht durch die Orte. Das war der Beginn des Straßenkarnevals. Am Dienstag vor der Fastnacht wurden Strohpuppen verbrannt und damit die närrische Zeit beendet.

Der Karneval am Niederrhein kann nicht nur auf eine lange Geschichte zurückblicken, mancherorts wird sogar behauptet, hier stünde die Wiege des Karnevals. Von einer Reise aus Brabant zurückgekehrt, gründete 1380 Graf Adolf von Kleve die erste Fastnachtgesellschaft am Niederrhein. Er nannte sie die „geselscap van den gecken". Kleve ist bis heute eine der größten Karnevalshochburgen am Niederrhein. Aber auch an vielen anderen Orten finden in der „fünften Jahreszeit" zahlreiche Veranstaltungen

Ein Rosenmontagszug am Dienstag: In Mönchengladbach findet das Highlight der „fünften Jahreszeit" erst am letzen Tag des Karnevals statt, der große „Veilchendienstagszug". Mit über 70 Prunkwagen und fast 4.000 Teilnehmern ist er einer der größten Karnevalszüge Deutschlands.

statt. Im Mittelpunkt steht natürlich auch im platten Land der Straßenkarneval von Altweiber bis Aschermittwoch. Höhepunkte sind hier die Rosenmontagszüge, die während ihrer langen Geschichte regionale Besonderheiten entwickelten. Vom politischsten Rosenmontagszug Deutschlands in Düsseldorf über die großen Züge in Duisburg, Krefeld, Moers und Wesel bis zu den zahlreichen kleinen Umzügen – überall am Niederrhein wird Karneval gefeiert. In Duisburg-Hamborn findet einer der größten Kinderkarnevalsumzüge Europas statt. Wer dann immer noch nicht aus dem Narrenkostüm schlüpfen möchte, der fährt am Dienstag nach Mönchengladbach, einer weiteren Hochburg des niederrheinischen Karnevals. Hier zieht der „Veilchendienstagszug", einer der größten Karnevalszüge Deutschlands, durch die Straßen.

Und – die wichtigste Regel beachten, niemals, aber auch absolut niemals Helau mit Alaaf verwechseln!

34 An der längsten Theke der Welt
Die Düsseldorfer Altstadt

Mit rheinischem Humor und einem Augenzwinkern wird in der Landeshauptstadt erzählt, dass es Touristen geben soll, die völlig verwirrt in der Düsseldorfer Altstadt nach einer extrem langen Theke suchen. Sie werden einen solch gigantischen Tresen nicht finden, es sei denn, man würde alle Theken der über 260 Kneipen aneinanderstellen.

Die Redewendung ist natürlich nur symbolisch gemeint. Wäre auch schade um die Zeit, denn es gibt in der Düsseldorfer Altstadt viel zu sehen und zu erleben. Sie macht ihrem Namen alle Ehre. Es existieren noch Teile von Häusern aus der Gründungszeit der Stadt im Jahr 1288. Die Kirche St. Lambertus mit ihrem kuriosen, in sich verdrehten Turm bildet zusammen mit Schlossturm und der Düssel den Ursprung der Altstadt.

Die Lage im Zentrum der Stadt direkt am Rhein und in unmittelbarer Nähe zu einer der führenden Luxuseinkaufsstraßen Europas, der Königsallee, macht die Düsseldorfer Altstadt zu einem beliebten Ausflugsziel. Ob Shopping, Riesenrad oder Weihnachtsmarkt, Irish Pubs, Cocktailbars, Lounges, Hausbrauereien, Edelrestaurants, Imbissbuden oder Kneipen – hier trifft Anzug auf Jogginghose. Entspanntes Flanieren an der Rheinpromenade oder Hardrock-Kneipe, Beschaulichkeit und Trubel – die Mixtur ist das Geheimnis der Düsseldorfer Altstadt – es ist für jeden Geschmack etwas dabei.

Neben dem Gastronomie- und Shoppingangebot bietet die Düsseldorfer Altstadt dem Besucher auch eine umfangreiche kulturelle Szene. Hier befinden sich viele der Kunst- und Kultureinrichtungen der Landeshauptstadt.

Die Kunstsammlung Nordrhein-Westfalen, das NRW-Forum, das Museum Kunstpalast oder das Filmmuseum zeigen hier ihre Exponate. Weitere kulturelle Highlights sind das Rathaus, das Geburtshaus von Heinrich Heine und eines der Wahrzeichen Düsseldorfs, das Jan-Wellem-Denkmal.

Auf einem Schlachtross, in Bronze gegossen, überragt ein Reiter den Marktplatz der Düsseldorfer Altstadt. Mit dem historischen Rathaus im Hintergrund beobachtet er das bunte Markttreiben. Der Mann auf dem Ross ist Johann Wilhelm Joseph Janaz von der Pfalz, 1658 in Düsseldorf geboren und seit 1679 als Johann Wilhelm II. Herzog von Jülich und Berg Herr über die Stadt. Ihm verdankt Düsseldorf seine glanzvollste Zeit als fürstliche Residenz. Der Barockfürst, in Düsseldorf kurz und liebevoll Jan Wellem genannt, liebte die Kunst und führte nach dem Vorbild des französischen Sonnenkönigs Ludwig XIV. einen barocken Lebensstil.

Ob der kleine Heinrich Heine vor rund 200 Jahren schon mal auf das Schlachtross geklettert ist, wie es damals Halbwüchsige gerne taten, ist nicht gewiss. Bekannt ist wohl, dass Heinrich Heine, 1797 als Harry Heine in der Düsseldorfer Altstadt geboren, kein Freund der lauten Töne war. Da es in der Düsseldorfer Altstadt scheinbar schon vor gut 200 Jahren lebendig zuging, war der junge Heine damals stets auf der Suche nach einem ruhigen Plätzchen. Von der heimatlichen Bolkerstraße zog es ihn zum nahe gelegenen Hofgarten, um dort in Ruhe den „Don Quixote" lesen zu können, wie er sich später in Paris erinnerte.

Die Bolkerstraße und ihre Umgebung sind heute natürlich keine Spur leiser. Von jung bis alt, egal ob alleine, als Paar, mit Familie oder Verein, das Publikum der Altstadt ist genauso vielfältig wie ihre Angebote. Ein Besuch am Tag hat seinen Reiz, aber erst bei Nacht entfaltet die längste Theke der Welt ihre einzigartige Atmosphäre.

Die Bolkerstraße in der Düsseldorfer Altstadt ist die berühmteste Partymeile der Landeshauptstadt. Sie gilt heute als das Herz der „längsten Theke der Welt". Auf rund 300 Metern befinden sich über 50 Restaurants, Kneipen und Bars.

35 Der Fitness-Pionier
Joseph Hubertus Pilates

Den großen, weltweiten Erfolg seiner Methode erlebte Joseph „Joe" Pilates nicht mehr. Er starb im Oktober 1967. Der Siegeszug seiner Anwendungen begann erst Ende der 1990er-Jahre. Inzwischen hat die Pilates-Methode in der modernen Sportwissenschaft, Physiotherapie und Rehabilitation ihren festen Platz.

Joseph Pilates wurde am 9. Dezember 1883 in Gladbach am Niederrhein, dem heutigen Mönchengladbach, geboren. Er war das zweitälteste von neun Kindern. Der Vater war Schlossergeselle, die Mutter Fabrikarbeiterin. Die Familie Pilates zog innerhalb Gladbachs häufig um, was vermuten lässt, dass sie sehr arm war und frisch gebaute Wohnungen trocken wohnte. Diese damals gängige Praxis wirke sich negativ auf die Gesundheit der Familienmitglieder aus. Das spricht für die Aussage Pilates, als Kind mager und schwächlich gewesen zu sein und an unterschiedlichen Erkrankungen wie Asthma, Rachitis und rheumatischem Fieber gelitten zu haben. Angeregt durch seinen Vater, einem begeisterten Turner, begann er früh, seinen schlechten Gesundheitszustand durch sportliche Aktivitäten zu verbessern. Dabei versuchte er verschiedene Sportarten wie Gymnastik, Krafttraining, Schwimmen, Tauchen und Skifahren. Später kamen dann Fechten, Boxen, Yoga und Thai Chi hinzu. Teile dieser Sportarten finden sich im klassischen Pilates wieder. Außerdem beschäftigte sich Pilates intensiv mit der Anatomie des menschlichen Körpers. Er entwickelte eine Reihe von Übungen, um Haltung, Koordination, Gleichgewicht, Kraft und Flexibilität des gesamten Körpers zu verbessern sowie das Atemvolumen zu steigern.

Pilates glorifizierte den muskulösen Athletenkörper des antiken Griechenlands, modelliert nach dem Vorbild der mythologischen Helden. Schon als junger Mann kam er dieser Vorstellung sehr nahe. Sein Körper war durch das intensive Training so athletisch geformt, dass er mit 14 Jahren für anatomische Lehrtafeln Modell stand.

In seiner frühen Jugendzeit arbeitete Joseph Pilates als Assistent in einer Brauerei in Mönchengladbach-Neuwerk. Während dieser Jahre verlief sein Leben noch relativ geregelt. Dem folgte eine Phase der Rast- und Ruhelosigkeit mit häufigem Wechsel der Wohnorte. In dieser Zeit lebte er mit seiner ersten Frau in Viersen. Nach ihrem Tod wanderte Pilates nach England aus. Dort schlug er sich mit einer Vielzahl von Jobs durch. Zu Beginn des Ersten Weltkrieges wurde er wie alle in England lebenden deutschen Männer als feindlicher Ausländer interniert. In dieser Zeit lebte er in einem Lager auf der Isle of Man in der Irischen See. Kurz nach seiner Rückkehr 1919 heiratete Joseph Pilates ein zweites Mal und leitete von 1920 bis 1923 eine Boxschule in Gelsenkirchen, stieg aber auch selbst in den Ring und bestritt in der Mittelge-

Am Dicken Turm, in der Altstadt Mönchengladbachs, erinnert eine Gedenktafel an den Sohn der Stadt.

wichtsklasse vier offizielle Profikämpfe. Aber auch in Gelsenkirchen hielt es ihn nicht lange. Er ging nach Hamburg, wo er von 1923 bis 1925 die dortige Polizei in Selbstverteidigung ausbildete. Damals begann Pilates mit dem Bau der Pilates-Geräte, für die seine Methode heute so berühmt ist.

Im Jahr 1925 wanderte er ohne seine Familie in die USA aus und eröffnete 1927 in Manhattan das erste Pilates-Studio. Hier trainierte er gemeinsam mit seiner Gefährtin Clara Geschäftsleute, berühmte Schauspieler und viele Stars des New York City Balletts. Stetig entwickelte er neue Trainingsgeräte. 1934 publizierte Pilates sein Buch „Your Health“, das auch heute noch zu kaufen ist. Das Ziel seiner Methode ist die Ganzkörpergesundheit. Körper, Geist und Seele sollen in einem ausgeglichenen Verhältnis stehen. In erster Linie geht es um Übungen, welche die Kontrolle, Konzentration, Entspannung, Atmung, fließende Bewegungen, Koordination und Zentrierung positiv beeinflussen. Mit dem Begriff „Zentrierung“ ist die Kräftigung der Körpermitte gemeint (Powerhouse), mit der besonders der Rücken trainiert wird. Diese Übungen verbessern die Körperhaltung, lösen Verspannungen und lindern chronische Schmerzen.

36 Krefelds historische Dampfeisenbahn
Der Schluff®

„Blumenpflücken während der Fahrt verboten!" Dieser (amtliche) Text stand auf Schildern in den Waggons aus den Frühzeiten der Eisenbahn. Er wird heute gerne scherzhaft benutzt, wenn eine langsame Bahn gemeint ist. Ein besonders schneller Zug ist auch Krefelds historische Dampfeisenbahn nicht. Das sagt schon sein Name: Schluff®.

Der Terminus „Schluff" – nomen est omen – leitet sich vom mundartlichen „Schluffe" für Pantoffel ab. Im übertragenen Sinn ist Schluff ein müder Mensch, der seine Beine nicht mehr hochbekommt und mit seinen Pantoffeln, niederrheinisch Schluffe, mühsam über den Boden schleift und dabei schnauft. Es erinnert an das zischende Geräusch einer alten Dampflok, die mit gemächlicher Reisegeschwindigkeit durch die Landschaft „schlufft".

Der Schluff® gehört zu den ältesten Privatbahnen in Deutschland. Bereits 1868 wurde die Vorgängergesellschaft der Crefelder Eisenbahn gegründet. Von 1870 bis 1951 war die Krefelder Eisenbahn eines der wichtigsten Verkehrsmittel am Niederrhein.

Hinter dem Spitznamen der historischen Dampflok Schluff® steht der reale Name „Graf Bismarck XV.". So heißt die Lok, die 1979 vom Eisenbahnmuseum Bochum-Dahlhausen der Deutschen Gesellschaft für Eisenbahngeschichte übernommen wurde. Für die Technik-Interessierten unter den Lesern sei erwähnt, dass die Lok bei Henschel & Sohn in Kassel unter der Fabriknummer He 29893/47 gebaut wurde. Es handelt sich um eine Tenderlokomotive vom Typ D 600 der Bauart D n2t. Die relativ junge Lok mit dem Baujahr 1947/48 besitzt vier Kuppelachsen und einen Nassdampf-Kessel mit zwei Zylindern. Ihren Namen hat sie von der Zeche „Graf Bismarck" in Gelsenkirchen, auf der sie ursprünglich im Einsatz war.

Um Böschungsbrände durch Funkenflug auf der waldreichen Strecke zu vermeiden, funktioniert die Befeuerung mittlerweile auf Ölbasis. 1.600 Liter Heizöl fasst der Tank. 600 Pferdestärken hat die 11,10 Meter lange und 66,5 Tonnen schwere Lokomotive, die mehrere Original-Waggons zieht. Das historische Vehikel erreicht bei Weitem nicht die Leistungen moderner E-Loks. Die Fahrten im Schluff® finden daher in einem eher gemächlichen Tempo statt. Wenn er so richtig in Fahrt kommt, wird der „alte Mann" maximal 40 bis 50 km/h schnell. Dieses Tempo erreicht er zwischen St. Tönis und dem Hülser Berg aber fast nie. Seine Spitzengeschwindigkeit auf diesem Streckenabschnitt beträgt 30 km/h.

Ein nostalgischer Zug wie der Schluff® ist sehr wartungsintensiv. Er muss ständig kontrolliert werden, da viele Teile aufgrund ihres Alters ausfallen können. Ersatzteile sind schwierig zu beschaffen, denn 80 Prozent der Teile im Schluff® sind einzigartig. Auch benötigt

Der Schluff® ist Krefelds historische Dampfeisenbahn. Der Name erinnert an das zischende Geräusch der Lok, das dem einer schlurfenden Pantoffel, auf niederrheinisch „Schluffe", ähnlich ist.

er Wasser mit dem richtigen Härtegrad. Stimmt der Härtegrad nicht, droht das Wasser die Rauchrohre zu zerfressen.

Wer nach so viel Technik Lust auf eine kleine Reise in die Vergangenheit der Eisenbahn verspürt, den bringt der Schluff® zischend und pfeifend, wie zu Großmutters Zeiten, vom Nordbahnhof in Krefeld zum landschaftlich reizvollen Ausflugsgebiet am Hülser Berg. Die vom ehemaligen Streckennetz erhalten gebliebene Strecke ist 13,6 Kilometer lang. Die Fahrtzeit dauert etwa 55 Minuten.

Wer Dampfzüge mag, wird den Schluff® lieben. Eine idyllische Landschaft und mächtige Dampfschwaden entschleunigen den Fahrgast und versetzen ihn vorübergehend in ein anderes Zeitalter. Vom 1. Mai bis Mitte Oktober fährt der Zug regelmäßig nach Fahrplan. Außerdem kann man das Krefelder Original für Gesellschaftsfahrten mieten und genießt so gemeinsam ein wenig Eisenbahnromantik.

Aber immer daran denken: Blumenpflücken während der Fahrt verboten!

37 Wallfahrt zum Marienbild
Der Wallfahrtsort Kevelaer

Die niederrheinische Stadt Kevelaer liegt an der Kreuzung zweier alter Handelsstraßen von Köln nach Nimwegen und zwischen Rhein und Maas. Diese geografische Lage ist aber nicht der Grund für die überregionale Bekanntheit des Ortes nahe der niederländischen Grenze.

Die Begebenheiten mit dem schlichten Kaufmann Hendrick Busman während des Dreißigjährigen Krieges und ein Gnadenbild der Gottesmutter aus dem 17. Jahrhundert, der „Consolatrix Afflictorum“, der „Trösterin der Betrübten“, haben Kevelaer zu einem weltweit bekannten Wallfahrtsort gemacht.

Hendrick Busman, war ein wahrscheinlich aus Niedermörmter am Rhein stammender und in Geldern wohnender Handelsreisender, der in der Weihnachtszeit des Jahres 1641 in der Kevelaerer Heide unterwegs war. Auf dem Weg zwischen Weeze und Geldern, auf dem er regelmäßig hin- und herreiste, um seine Waren zu verkaufen, betete Busmann vor einem Hagelkreuz. Dabei vernahm er eine Stimme mit dem geheimnisvollen Aufruf: „Hier sollst du mir ein Kapellchen bauen!“ Der Weg führte den Krämer an verschiedenen Tagen noch zweimal an dem Hagelkreuz vorbei und jedes Mal bekam er den geheimnisvollen Auftrag. Kurze Zeit später begann Hendrik Busmann mithilfe des Kevelaerer Pfarrers Johannes Schink mit dem Bau des Heiligenhäuschens.

Einen Monat vor Pfingsten im Jahr 1642 hatte die Frau von Hendrik Busmann, Mechel Schrouse, eine nächtliche Erscheinung. In einem großen glänzenden Licht sah sie ein Heiligenhäuschen mit einem Bildchen der Gottesmutter Maria, der „Consolatrix Afflictorum“ von Luxemburg, das ihr einige Zeit zuvor von zwei Soldaten zum Kauf angeboten worden war. Hendrick Busman sah sich in seinem Erlebnis bestätigt und beauftragte seine Frau damit, die beiden Soldaten ausfindig zu machen und das Bild zu kaufen. Mechel traf in Kempen einen Leutnant, der nun die beiden angebotenen Bildchen besaß, und kaufte diesem eines ab. Es wurde vom damaligen Pfarrer der Kevelaer Antoniuskirche, Johannes Schink, am 31. Mai 1642 abgeholt und am Sonntag, dem 1. Juni 1642 in das inzwischen fertiggestellte Kapellchen eingesetzt. Noch am selben Tage kamen viele Menschen aus Geldern und den umliegenden Ortschaften zu dem Heiligenhäuschen. Dort ist heute noch unter einem Wappenschild mit Kreuz und Blätterzweig zu lesen: „Ano 1642 Hendrik Busman – Mechel Scholt gegev“. Fünf Jahre später wurde das Heiligenhäuschen von der Synode zu Venlo offiziell als Wallfahrtsort Kevelaer anerkannt.

Heute bildet der Kapellenplatz das Herzstück und das religiöse Zentrum der Wallfahrtsstadt Kevelaer. In seiner Mitte erhebt sich die barocke Gnadenkapelle aus dem Jahr 1654, die das Marienbild der „Trösterin der Betrübten“ beheimatet. Darum gruppieren sich die Marienba-

„Consolatrix Afflictorum" ist der lateinische Name des Kevelaerer Gnadenbildes. Übersetzt bedeutet er „Trösterin der Betrübten". Es ist der Mittelpunkt der Pilgerverehrung in Kevelaer.

silika, das Priesterhaus, die Kerzenkapelle, das Forum Pax Christi und weitere sakrale Gebäude wie die Sakraments- und die Beichtkapelle. Am 1. Mai wird traditionell das Wallfahrtsjahr mit einem Pontifikalamt eröffnet. Kevelar ist zwar nicht Lourdes und nicht Santiago de Compostella, aber neben Altötting einer der größten Marien-Wallfahrtsorte im Nordwesten Europas. Und es ist nicht so weit weg. Ob zu Fuß, mit dem Auto oder in Lederkombi mit dem Motorrad – jährlich machen sich bis zu eine Million Pilger aus dem In- und Ausland zur Besinnung und zum Gebet auf den Weg zu Maria nach Kevelaer. Am 1. November ist dann Schluss. Nachdem das Pilgerportal der Basilika verschlossen wurde, kehrt in Kevelaer wieder Ruhe ein – bis zum nächsten Mai. Wir sind dann mal weg!

38 Sanssouci am Niederrhein
Das Kloster Kamp

Der im 12./13. Jahrhundert gegründete Zisterzienserorden kritisierte unter anderem die Prachtentfaltung und die Freude am kirchlichen Reichtum. Die Ordensleute sahen ausschließlich die ursprüngliche Einfachheit der mönchisch-klösterlichen Lebensweise als ideelle gottgefällige Lebensform an.

Eine etwas andere Vorstellung von Bescheidenheit hatten anscheinend die Zisterzienser vom Kloster Kamp. Die weithin sichtbar auf den Kamper Höhen in Kamp-Lintfort liegende ehemalige Zisterzienserabtei einfach nur als Kloster zu bezeichnen, ist schlicht eine Untertreibung. Besonders auffällig sind der nach dem Dreißigjährigen Krieg entstandene prachtvolle Terrassen- und der Barockgarten des Klosters. Noch heute wird erzählt, sie dienten dem Preußenkönig Friedrich II. als Inspiration für Schloss und Park Sanssouci in Potsdam.

Am 31. Januar 1123 wurde das Kloster Kamp als Stiftung des Kölner Erzbischofs Friedrich I. und Abt Arnulf von Morimond auf dem Kamper Berg gegründet. Es war das erste Zisterzienserkloster auf deutschem Boden, besser: im Heiligen Römischen Reich Deutscher Nation. Gleichzeitig ist es auch die Wiege des heutigen Stadtteils Kamp. Die Berglage ist ungewöhnlich, weil sie gegen die klösterliche Bescheidenheit des Zisterzienserordens spricht. Grund für die Position auf einem Hügel war wohl der morastige Boden im Flachland.

Panoramablick auf den Terrassengarten und die Abteikirche des Klosters Kamp.

Kamp wurde schnell zum geistigen Zentrum der Region. Im Truchsessischen Krieg (1583–1588) zerstörte 1586 der Graf von Moers das kurkölnische Kloster Kamp. Nachdem der letzte Abt gegangen war, verfiel die Anlage. 1640 kehrten die ersten Mönche zurück. Unter Abt Andreas Holtmann begann 1683 der Wiederaufbau der Klosterkirche im Stil des Barock. Sie blieb in fast allen Teilen bis heute unverändert. Ihre charakteristischen Zwiebeltürme sind später hinzugekommen und untypisch für eine Zisterzienserkirche. Durch sie ist sie schon aus der Entfernung zu erkennen. Nördlich befindet sich die 1714 geweihte, sechseckige Marienkapelle.

Mit der Besetzung des Rheinlandes durch Napoleon Bonaparte und der Säkularisierung endete 1802 die Geschichte des Klosters. Von 1954 bis 2002 nutzten es Mönche des Karmeliter-Ordens. Seitdem leben dort keine Mönche mehr. 2003 wurde ein Geistliches und Kulturelles Zentrum eingerichtet. Der Verein kümmert sich um die Besucher, die auf den Kamper Berg kommen, die Kirche und das Museum besuchen und im Klostercafé einkehren. Im Museum ist die jahrhundertealte Geschichte der Abtei Kamp dokumentiert. Unter den Ausstellungsstücken befindet sich auch ein wertvoller Altarvorhang aus dem 14. Jahrhundert.

Die größte Attraktion des Klosters ist aber die Vielfalt und Gestaltung der unterschiedlichen Gärten. Herausragend ist der angesprochene Terrassengarten mit seiner heiteren Atmosphäre und fantasievollen Verspieltheit. Die Anlage wurde vom Abt Daniels allerdings nicht nach religiösen Gestaltungsprinzipien, sondern nach dem barocken Geschmack angelegt. Seine Terrassen bestehen aus fünf Stufen und sind nach außen und innen gewölbt. Prägend sind die Eiben, die in einer Pyramidenform geschnitten sind. Nicht nur für Botaniker ist das Kloster mit seinen verschiedenen Gärten zu jeder Jahreszeit ein beeindruckendes Ausflugsziel. Am schönsten ist allerdings ein Besuch in der Blühphase der Pflanzen im Sommerhalbjahr. Direkt am Kloster vorbei verläuft der alte Kanal Fossa Eugeniana, dessen Verlauf über einen etwa 50 Kilometer langen Rad- bzw. Wanderweg verfolgt werden kann.

39 Verbotene Liebe und alte Autos
Das Schloss Dyck

Wie, Schloss Dyck – nee, ne? Das ist doch das Schloss Friedenau, der Stammsitz der Grafenfamilie von Anstetten! Viele Fernsehzuschauer kennen Schloss Dyck unter einem ganz anderen Namen. Als fiktives Schloss Friedenau diente es von 1995 bis 2000 als Kulisse der ARD-Seifenoper „Verbotene Liebe".

Schloss Dyck in Jüchen, zwischen den Städten Mönchengladbach und Grevenbroich gelegen, ist aber auch ohne Fernsehserie über die Grenzen des Niederrheins hinaus bekannt. Das imposante Wasserschloss kann auf eine tausendjährige Geschichte zurückblicken. In einer Urkunde des Erzbischofs zu Köln wird 1094 ein Hermannus de Dicco erwähnt. Zunächst als Befestigungsanlage im sumpfigen Bachgebiet errichtet, bauten die nachfolgenden Generationen den Sitz zu einer wehrhaften Wasserburg aus. Im 13. Jahrhundert wurde die Burg derer von Dyck wegen Raubrittertums von den Truppen Kölns und Aachens belagert und teilweise zerstört. Von den Fürsten zu Salm-Reifferscheidt-Dyck wiederhergestellt, blieb das Anwesen über 900 Jahre durchgängig im Besitz der Familie. Im 17. Jahrhundert wurde es unter Verwendung älterer Bauteile zu einem Schloss im Stil der späten Renaissance umgebaut. Das Bild der heutigen Schlossanlage entspricht dem Zustand nach Beseitigung der Zerstörungen des Dreißigjährigen Krieges. Die Anlage liegt auf drei Inseln im Kelzenberger Bach und besteht aus einer Hochburg und zwei Vorburgen. Der vierflügelige Schlosstrakt ist von beeindruckenden Türmen eingefasst. Um das Schloss herum befinden sich auch heute noch die Wassergräben. Die Anlage zählt zu den kulturhistorisch bedeutendsten Schlossanlagen des Rheinlandes.

Doch nicht nur wegen der barocken Gebäude lohnt sich eine Reise ins Dycker Ländchen. Besonders sehenswert ist der weitläufige Park. Fürst Joseph zu Salm-Reifferscheidt-Dyck, selbst leidenschaftlicher Botaniker und Pflanzensammler, ließ im frühen 19. Jahrhundert den Schlosspark von dem schottischen Gartenarchitekten Thomas Blaikie in einen englischen Landschaftsgarten umbauen. Dazu wurden exotische Pflanzen aus ganz Europa nach Dyck geholt. Blaikie modellierte sanfte Hügel und legte weite Wiesen sowie Wasserflächen an. Waldwege und schattige Alleen führen in die unterschiedlichen Parkbereiche. Er pflanzte Baumgruppen und Solitäre wie die Rieseneibe und den Mammutbaum, die Sumpfzypresse und den Tulpenbaum, die Korea-Pappel, den Geweihbaum und andere botanische Besonderheiten. Die Größe und Schönheit der Gartenanlage gibt der Barockarchitektur des Wasserschlosses einen eindrucksvollen Rahmen.

Seit 1999 betreibt die Stiftung Schloss Dyck die Schlossanlage als Zentrum für Gartenkunst und Landschaftskultur. In dieser Eigenschaft verbindet sie den his-

Das Wasserschloss Dyck mit seiner großen Gartenanlage. Jährlich findet hier ein bekanntes Oldtimertreffen statt.

torischen Garten mit aktuellen Themen der Landschaftskultur. Bekannte Landschaftsbauer gestalteten Gärten nach verschiedenen Themenkonzepten. Fachleute finden hier umfangreiche Angebote. Gartenfreunde und kulturinteressierte Besucher treffen auf moderne gärtnerische Trends und viele andere Ideen für den eigenen Garten.

Die Schlossanlage ist auch Kulisse für die automobile Kulturgeschichte. Seit 2006 findet hier jährlich das Oldtimer- und Motorfestival „Classic Days“ zu Ehren des 1961 in Monza tödlich verunglückten Rennfahrers Wolfgang Graf Berghe von Trips statt. Neben der Besichtigung perfekt restaurierter, teurer und seltener Oldtimer hat der Besucher die Möglichkeit, mit berühmten Rennfahrern aus unterschiedlichen Epochen des Motorsports in Kontakt zu treten. An allen drei Tagen ertönt dann das Kommando: „Gentlemen, starten Sie Ihre Maschinen“.

40 Radeln bis zum Horizont
Die NiederRheinroute

Die Topografie des Niederrheins ist hervorragend dazu geeignet, seine Geschichte und Kultur vom Fahrrad aus zu erkunden. Keine nennenswerten Höhenunterschiede weit und breit erschweren den Lauf des Drahtesels – nur der Wind kommt immer von vorn.

Ob eine gemütliche Tagestour oder eine ausgedehnte Radwanderung über mehrere Tage, ob Jung oder Alt, ob allein oder in der Gruppe, für einen erholsamen und abwechslungsreichen Radurlaub ist die NiederRheinroute die richtige Wahl. Mit ihr stellt der Niederrhein einmal mehr einen Rekord auf: Die Strecke bildet das längste und dichteste ausgeschilderte Radwandernetz Deutschlands, mancherorts wird gesagt, sogar ganz Europas. Von Emmerich am Rhein im Norden bis Übach-Palenberg im Süden, von Niederkrüchten im Westen bis Schermbeck im Osten verläuft die NiederRheinroute über ein mehr als 2.000 Kilometer langes Wegenetz. Davon bilden 1.215 Kilometer die Hauptroute, 820 Kilometer sind Verbindungswege. Entlang der Hauptroute geht es angenehm von Ort zu Ort und die vielen Verbindungswege ermöglichen eine individuelle Routenplanung.

Die Strecke führt durch die Städte und Gemeinden Alpen, Übach-Palenberg, Bedburg-Hau, Brüggen, Dinslaken, Dormagen, Duisburg, Emmerich am Rhein, Erkelenz, Gangelt, Geilenkirchen, Geldern, Goch, Grefrath, Grevenbroich, Hamminkeln, Hückelhoven, Hünxe, Heinsberg, Isselburg, Issum, Jüchen, Kaarst, Kalkar, Kamp-Lintfort, Kempen, Kerken, Kevelaer, Kleve, Korschenbroich, Kranenburg, Krefeld, Mönchengladbach, Meerbusch, Moers, Nettetal, Neukirchen-Vluyn, Neuss, Niederkrüchten, Rees,

Rheinberg, Rheurdt, Rommerskirchen, Schermbeck, Schwalmtal, Selfkant, Sonsbeck, Straelen, Tönisvorst, Uedem, Viersen, Voerde, Wachtendonk, Waldfeucht, Wassenberg, Weeze, Wegberg, Wesel am Rhein, Willich und Xanten.

Die NiederRheinroute verläuft abseits viel befahrener Straßen, meist auf asphaltierten Wald-, Feld- und Wirtschaftswegen mit wenigen Steigungen sowie auf Treidelpfaden entlang der Rheindeiche. Ein Schild kennzeichnet die Streckenführung der Hauptroute. Darauf symbolisiert ein blaues Band den Rhein und die rote Spitze zeigt die Richtung an. Eine grüne Spitze führt die Radler auf die Wege der Nebenrouten.

Entlang der unterschiedlichen Touren erfährt der Pedalritter Wissenswertes über historische Ortskerne, prächtige Burgen, verwunschene Schlösser und andere alte Gemäuer, uralte Kirchen mit bedeutenden Kunstschätzen und imposante Mühlen. Wer lieber mehr Natur mag, findet am Rhein oder an der Niers, an der Schwalm oder an der Erft stille Flusslandschaften. Zahlreiche Seen, Bruchwälder, Moore, Heidelandschaften und alte Streuobstwiesen säumen die Radwege der NiederRheinroute. Für eine Pause vom Pedaltreten sorgt unterwegs eine Vielzahl von Angeboten. Entlang der Strecke bieten sich Gelegenheiten zum Paddeln, Reiten und Klettern. Bei einer Ballonfahrt kann der Drahteselreiter einen Ausblick auf die weitere Reiseroute werfen.

Auf der NiederRheinroute findet seit 1992 am ersten Sonntag im Juli der Niederrheinische Radwandertag statt. Städte und Gemeinden am Niederrhein und in den benachbarten Niederlanden bieten unterschiedliche Radrouten an. Es handelt sich um Rundwanderwege, an deren Start- und Zielpunkten jeweils ein Unterhaltungs- bzw. Kulturprogramm sowie Gastronomie angeboten werden. Der niederrheinische Radwandertag steht jedes Jahr unter einem anderen Motto.

Eine Alternative zur Niederrheinroute und noch mehr Geschichte bietet der Radfernweg Via Romana. Der Radwanderer macht hier auf der antiken Limesstraße der Römer eine Zeitreise durch 2.000 Jahre. Ob NiederRheinroute oder Via Romana – der Niederrhein ist die ideale Landschaft zum Radwandern.

Unterwegs auf der NiederRheinroute.

41 Zeitreise zu den Römern
Der Archäologische Park Xanten

Amphitheater, Hafentempel, Stadtmauer, Wohnhäuser, Badeanlagen und Gemeinschaftstoiletten: Liebhaber der römischen Antike und alle Asterix-Leser müssen zur Besichtigung einer römischen Siedlung nicht in die ewige Stadt reisen. Ein Ausflug an den Niederrhein zum archäologischen Park Xanten genügt, um herauszufinden, wie es sich in einer römischen Provinzstadt lebte.

Im größten archäologischen Freilichtmuseum Deutschlands, kurz APX genannt, wird römische Geschichte lebendig. Der Park liegt auf dem Gelände der antiken Provinzstadt Colonia Ulpia Traiana, einer der bedeutendsten römischen Siedlungen in Deutschland. Die antike Stadt wurde von Kaiser Marcus Ulpius Traianus um 100 n. Chr. gegründet und nach ihm benannt. Mit dem Status einer Colonia (= Kolonie) ausgestattet, besaß sie höchste Stadtrechte. Ulpia Traiana war nach Claudia Ara Agrippinensium (dem heutigen Köln) und Augusta Treverorum (dem heutigen Trier) die drittgrößte römische Stadt im heutigen Deutschland. Auf einer Fläche von etwa 70 Hektar lebten bis zu 10.000 Einwohner. Im unruhigen 3. Jahrhundert wurde die Stadt von den Franken überfallen und zerstört. In den nachfolgenden Jahrhunderten fanden die Ruinen als Steinbruch für die Errichtung der Stadt Xanten und später für den Bau des Xantener Domes eine neue Verwendung. Die Reste der alten römischen Siedlung blieben lange Zeit unter Weiden und Feldern verborgen.

Zum Entzücken der Archäologen errichteten die Erbauer die Stadt Xanten nicht auf – sondern neben den Ruinen der römischen Siedlung. Hierdurch wurden die Überreste der Colonia, als einzige nördlich der Alpen, nur wenig überbaut. So können die Überreste der römischen Stadt seit 1977 im LVR-Archäologischen Park Xanten geschützt, erforscht und präsentiert werden.

Das Herzstück des Parks ist das RömerMuseum. Der moderne Museumsbau aus Stahl und Glas steht an historischer Stätte auf dem Gelände der ehemaligen römischen Metropole. Er erhebt sich über den ausgegrabenen Fundamenten der Eingangshalle des römischen Stadtbads und entspricht in Größe und Gestalt dem antiken Vorbild. Über 2.500 Exponate und moderne Medien zeichnen auf rund 2.000 Quadratmetern Ausstellungsfläche ein lebendiges Bild des römischen Alltags in Germanien. Unter den gezeigten Funden beeindrucken besonders die Überreste eines römischen Schiffes, das frei schwebend im Raum hängt. Weitere Höhepunkte der Ausstellung sind eine prächtige großformatige Wandmalerei und das bislang älteste und am besten erhaltene römische Geschütz.

Die markanten Rekonstruktionsbauten im Park wie der Hafentempel, die römischen Handwerkerhäuser, die

Blick auf den Archäologischen Park in Xanten.

Stadtmauer und Tore sowie das Amphitheater sind nicht nur Kulisse. Alle entstanden nach jahrelangen Ausgrabungen im originalen Maßstab am originalen Standort.

Insbesondere aufgrund der zahlreichen Spielangebote und kindgerechten Erläuterungen eignet sich der Besuch für die gesamte Familie. Größere Veranstaltungen wie das Römerfest „Schwerter, Brot und Spiele" füllen den Park auf besondere Weise mit Leben. Daneben bieten die Römischen Wochenenden von Mai bis September ein abwechslungsreiches Programm zum Zuschauen und Mitmachen. Einen Besuch wert ist auch die Werft des Freilichtmuseums, in der vor den Augen des Publikums fahrtüchtige Nachbauten von römischen Schiffen entstehen.

Den meisten Besuchern wird ein Tag im Archäologischen Park ausreichen. Sollten die Füße ihren Besitzer danach noch tragen, ist ein Besuch der Innenstadt Xantens mit dem Dom, der ja zu Teilen aus der alten Römerstadt besteht, zu empfehlen. Nicht weit vom Park befindet sich das Naherholungsgebiet Xantener Südsee und Xantener Nordsee. Hier können die heißen Füße wieder auf ihre Normaltemperatur abgekühlt werden. Salve!

42 „Das schwarze Schaf vom Niederrhein“ Hanns Dieter Hüsch

Über fünf Jahrzehnte hinweg begeisterte Hanns Dieter Hüsch, der sich selbst als „schwarzes Schaf vom Niederrhein“ bezeichnete, auf deutschsprachigen Kabarettbühnen sein Publikum. Er war damit einer der produktivsten und bedeutendsten Vertreter des literarischen Kabaretts im Deutschland des 20. Jahrhunderts.

Der Kabarettist, Schriftsteller, Schauspieler, Liedermacher, Synchronsprecher und Rundfunkmoderator Hanns Dieter Hüsch wurde am 6. Mai 1925 als Sohn eines preußischen Beamten in Moers geboren. Er kam mit einer Missbildung der Füße auf die Welt und musste sich während seiner Kindheit mehrfach Korrekturoperationen unterziehen. Da ihm keine Schuhe passten, war er gezwungen, in unförmigen Filzpantoffeln herumzulaufen, was das Spielen mit anderen Kindern massiv einschränkte. Er nannte diese Zeit später „ein schweres klinisches Erlebnis, man fühlte sich sehr schnell alleine.“ Schon in dieser Zeit begann Hüsch erste Texte zu verfassen. Er betonte aber auch, dass die Fußerkrankung sein „Überleben während des Krieges“ garantierte, weil er deswegen nicht zur Wehrmacht eingezogen worden war.

Nach dem Abitur am Gymnasium Adolfinum in Moers studierte Hüsch zunächst auf Wunsch der Familie Medizin an der Universität Gießen. Doch er merkte schnell, dass die ärztliche Wissenschaft nicht das Richtige für ihn war. Er wechselte von Hessen nach Rheinland-Pfalz und studierte an der Universität Mainz Theaterwissenschaft, Literaturgeschichte und Philosophie. Aber auch hier lagen Hüschs Interessen viel mehr im praktisch-künstlerischen als im theoretischen Bereich. Über diesen Lebensabschnitt sagte er: „Ich habe an der Uni keine Seminare besucht, aber ich habe meine Texte geschrieben.“ Ihm war nun klar, dass das Kabarett sein zukünftiges Leben bestimmen würde. Er entschied sich für die Laufbahn als praktizierender Humorist.

Mit 22 Jahren beteiligte er sich am Mainzer Studenten-Kabarett „Die Tol(l)eranten“. Im Jahr 1949 trat er mit seinem ersten Soloprogramm „Das literarische Klavier“ auf. Zu Beginn war Hüsch ein Liedermacher. Später schrieb er auch Gedichte und rhythmische Prosa, literarische Collagen, politische Satiren und Privatpoesien. 1956 gründete er in einem Mainzer Keller das erfolgreiche Ensemble „arche nova“, das er bis 1962 leitete. Danach startete der „ewige Brettl-Student“, wie er sich selbst einmal nannte, mit seinen Soloprogrammen. Was Hüsch wohl am meisten auszeichnete, war seine verblüffende Beobachtungsgabe, mit der er auf sensible und hintersinnige Weise das kleinbürgerliche Milieu seiner niederrheinischen Heimat ins Visier nahm. „Alles, was ich bin, ist niederrheinisch“, bekannte er einmal in pointierender Knappheit. Die Quelle der Inspiration seiner Texte waren die kleinen Leute

Stern für Hanns Dieter Hüsch auf dem „Walk of Fame" des Kabaretts in Mainz.

und deren alltäglichen Geschichten, Banalitäten, Kuriositäten und Nebensächlichkeiten. Seine Figuren bestanden hauptsächlich aus Familienmitgliedern und skurrilen Bewohnern des platten Landes. „Ich erzähle von mir, meiner Frau, von meinem Gegenüber, von der Welt und meinem Hund, von uns allen, von Euch, von den Alten, den Jungen, den Verlierern und Gewinnern, von den Vorurteilen und den Nachreden …", so beschrieb der Kabarettist seine Kunst.

Hüsch, oftmals als der Poet des Alltags bezeichnet, vermittelte die Sprache und den Habitus des Niederrheiners mit einer unglaublichen Liebe und Nachsicht, dass „die Zuhörer immer zu mir kommen und sagen, sie müssen bei uns im Schrank gesessen haben". Dabei half die von ihm in den 1970er-Jahren erfundene Figur Hagenbuch, ein konstant nörgelnder Erbsenzähler und spießiger Angeber, der sich stets pedantisch über die kleinen Gemeinheiten des Alltags empörte und der zu seinem Markenzeichen wurde.

Der leise Erzähler wurde zweimal mit dem Deutschen Kleinkunstpreis ausgezeichnet, zudem erhielt er die Carl-Zuckmayer-Medaille und den Staatspreis des Landes Nordrhein-Westfalen. Seine Heimatstadt Moers verlieh ihm ebenso wie die Universität Mainz die Ehrenbürgerwürde. Auf dem „Walk of Fame" in Mainz wurde ihm ein Stern für sein Lebenswerk gewidmet. Hanns Dieter Hüsch war neben Dieter Hildebrandt der letzte Dinosaurier des deutschen Kabaretts. Er starb im Alter von 80 Jahren. Seine letzte Ruhestätte fand Hüsch auf dem Hülsdonker Hauptfriedhof seiner Geburtsstadt Moers.

43 Ein Ausflug ins Mittelalter
Zons

Wer das Mittelalter am Niederrhein live erleben möchte, sollte Zons besuchen. Die ehemalige Zollfeste zwischen Köln und Düsseldorf ist einer der wenigen sehr gut erhaltenen spätmittelalterlichen Orte mit einer Befestigungsanlage aus dem 14. Jahrhundert.

Keine der zur gleichen Zeit entstandenen Befestigungsanlagen am Niederrhein und im Rheinland konnte ein solch klares Bild mit in die Gegenwart herüberretten wie Zons. Die Düsseldorfer Maler Wilhelm Hagedorn und Theodor Hagen nannten die Stadt deshalb „das rheinische Rothenburg". Die Etymologie des Ortsnamens Zons ist nicht ganz geklärt. Wahrscheinlich ist der Name keltischen Ursprungs. Älteste überlieferte Namensformen sind Zuonozo, Zinizo, Zunace, Zunice, Zunizum, Unce, Zunce, Tzontse, Sontina und Tonatiago. In einer Urkunde aus dem Jahr 1593 wird die Stadt erstmalig in der heutigen Schreibweise genannt.

Archäologische Funde beweisen, dass die Anfänge der Stadtbesiedlung bis in die mittlere Steinzeit und die römische Zeit zurückreichen. Ausgrabungen bekunden die Existenz eines Friedhofs und eines Militärlagers der Römer. Ob die Merowinger in der Nähe von Zons gesiedelt haben, ist nicht ganz sicher. Sicher dagegen ist, dass der Kölner Erzbischof Friedrich von Saarwerden das Dorf Zons am 20. Dezember 1373 zur Stadt erhob. Ein Jahr zuvor hatte er aus politischen, wirtschaftlichen und geografischen Gründen den Rheinzoll von dem Gebiet des heutigen Neuss nach Zons verlagert. Darin lag auch der Grund für die starke Befestigung der Stadt. Zur Sicherung des in Zons erhobenen

Rheinzolls und damit auch zu seinem eigenen Schutz und zur Sicherung seiner Rechte ließ der Erzbischof die Burg Friedestrom errichten. Die Zollburg, auch Schloss Friedestrom genannt, war eingefasst von Toren, Türmen, Mauern und Schutzgräben. Mit den Zollgebühren kassierte der Kirchenmann jährlich etwa 5.000 Gulden. In dieser Zeit begann eine wirtschaftliche Blüte der Stadt.

Im Laufe der Jahrhunderte war die Stadt Schauplatz mehrerer schwerer Brände, Hochwasserkatastrophen, einer Belagerung durch Karl den Kühnen, eines schweren Beschusses gegen Ende des Dreißigjährigen Krieges, betroffen vom Truchsessischen Krieg und den Raubkriegen Ludwig XIV. Mehrere verheerende Pestepidemien und wechselnde Besatzungen durch kölnische und französische Truppen schwächten die kleine Stadt und führten zu einem wirtschaftlichen und demografischen Niedergang. Nach der Zugehörigkeit zu Frankreich wurde Zons 1815 preußisch und dem Kreis Neuss sowie 1822 dem Regierungsbezirk in Düsseldorf zugeordnet. Seit 1975 ist Zons ein Stadtteil von Dormagen. Obwohl es sich nicht um eine eigene Gemeinde im Rechtssinn handelt, darf sich Zons Stadt nennen. Dieser Titel wurde dem Ort nur aufgrund seiner hohen kulturhistorischen Bedeutung zuerkannt. Zons ist also sozusagen eine Stadt honoris causa.

Bereits seit 1900 ist Zons ein beliebtes Ausflugsziel. Jährlich nutzen Hunderttausende die Gelegenheit, auf geschichtliche Spurensuche zu gehen. Bei einem Streifzug durch die mittelalterliche Befestigungsanlage gibt es für den Besucher an jeder Ecke etwas zu entdecken. Zu den besonderen Sehenswürdigkeiten im historischen Altstadtkern zählen der mächtige Rheinturm aus dem Jahr 1388, der Juddeturm mit seiner barocken Haube, der Krötschen- und der Mühlenturm. Weitere beliebte Fotomotive sind der Rheinanlegeplatz und die Stadtmauer.

Mittelalter pur: Blick auf die Stadtmauer der Feste Zons.

44 Viel Geschichte in den Zweigen
Der Klever Reichswald

Der Klever Reichswald ist mit über 5.000 Hektar das größte zusammenhängende Waldgebiet des Niederrheins und der größte zusammenhängende öffentliche Staatsforst in Nordrhein-Westfalen. Er liegt zwischen Goch, Kleve und Kranenburg auf dem Niederrheinischen Höhenzug, der einstmals von eiszeitlichen Gletschern aufgeschoben wurde.

Im Reichswald befinden sich die höchsten Erhebungen des Niederrheinischen Höhenzugs, die auffällig aus der niederrheinischen Ebene hervortreten. Die höchsten Punkte sind der Klever Berg mit 106 Metern sowie der Stoppel-, Gelden- und Brandenberg mit jeweils etwa 90 Metern Höhe über dem Meeresspiegel. Im Westen ist der Klever Reichswald an die Waldgebiete der Niederlande angeschlossen. Im Mittelalter war das gesamte Gebiet zwischen Nimwegen und Xanten noch Teil eines geschlossenen Waldzuges mit dem Namen „Ketelwald". Diese Bezeichnung ist eine Ableitung von dem Terminus „ketilo", wobei „lo" „Wald" heißt und „keti" auf „ketel" hinweist, was so viel wie „fruchtbare Niederung" bedeutet. Andere Autoren leiten den Namen vom keltischen Wort „ketila" ab, das „Rind" oder „Vieh" meint. Diese Vermutung ist naheliegend, weil die meisten Wälder im Mittelalter beweidet wurden.

Durch fortgesetzte Rodungen und Besiedelung hat sich die Größe des Waldes kontinuierlich verringert. Bereits Ende des Mittelalters waren vom zusammenhängenden Ketelwald nur noch einzelne Gebiete übrig. Der größte Teil davon ist der heutige Reichswald. Dendrologisch handelt es sich um ein Laubmischwaldgebiet, in dem hauptsächlich Rotbuchen vorherrschen. Nach den Weltkriegen wurden Nadelgehölze für die schnelle Aufforstung angepflanzt, die aber heute teilweise wieder durch Laubbäume ersetzt werden.

Der Name „Reichswald" wird erstmals um die Mitte des 14. Jahrhunderts genannt, seine Vergangenheit liegt allerdings viel weiter zurück. Der Forst spiegelt ein maßgebliches Kapitel der niederrheinischen Geschichte wider. In dieser Region hat die römische Zivilisation bis ins fünfte Jahrhundert n. Chr. viele Spuren hinterlassen. Der Wald hatte für die römischen Legionen, die in Nimwegen, Rindern, Qualburg und Xanten stationiert waren, eine existenzielle Bedeutung. Für ihre Kasernen, Häuser, Ziegeleien, Wagen, Schiffe und Badethermen benötigten sie Brennstoff und Baumaterial. Dazu rodeten sie einen großen Teil des Waldes. Für die Bataver, die sich unter Iulius Civilis im Jahr 69 n. Chr. im heutigen Reichswald zum Aufstand gegen die römische Herrschaft sammelten, war er der Heilige Wald. Im Mittelalter, anno 980, brachte die aus Byzanz stammende Kaiserin Theophanu auf dem Gebiet des Reichswaldes nahe Kessel einen Sohn zur Welt – den späteren Kaiser Otto III.

Gegen Ende des Zweiten Weltkrieges kam es am Niederrhein, unter ande-

Der Klever Reichswald ist mit etwa 5.100 Hektar Fläche das größte zusammenhängende Waldgebiet des Niederrheins.

rem im Klever Reichswald zu massiven Kampfhandlungen. Vom 7. Februar 1945 bis zum 22. Februar 1945 kämpften die alliierten Expeditionsstreitkräfte der 21st Army Group gegen die Verbände der 1. Fallschirm-Armee der deutschen Wehrmacht. Die alliierten Soldaten wollten von Nijmegen aus über Kleve, Goch und Geldern zur Stadt Wesel vorrücken und dort einen Brückenkopf über den Rhein schlagen. Ihr Ziel war das Ruhrgebiet. Mehr als 10.000 alliierte und deutsche Soldaten verloren bei den erbitterten Kampfhandlungen ihr Leben. Die Zivilbevölkerung erlitt ebenfalls schwere Verluste. Der Klever Reichswald wurde durch die Kämpfe massiv beschädigt.

Für die gefallenen britischen Soldaten wurde der Reichswald War Cemetery, der britische Ehrenfriedhof angelegt. Er ist der größte der 15 in Deutschland liegenden Sammelfriedhöfe und der größte des Commonwealth in Deutschland.

Heute ist der Wald mit seinen großen Naturschutz- und Wildnisflächen ein wichtiger Faktor zum Erhalt der heimischen Tier- und Pflanzenwelt. Für die Bevölkerung des Niederrheins, die Nachbarn aus den Niederlanden und des Ruhrreviers ist er ein wichtiges Erholungsgebiet. Gut ausgebaute Wander- und Reitwege durchziehen alle Teile des Waldgebietes und locken Jahr für Jahr viele Besucher an.

45 Für die Menschen bestellt
Der Kölner Erzbischof Josef Frings

Kardinal Frings gehört zweifelsfrei zu den prominentesten Kardinälen. Er war ein praktischer Theologe, ein Seelsorger mit Gespür für die Nöte der Menschen. Sein Wirken hatte große Bedeutung für die Kirche in Deutschland und ihr teilweise richtungweisendes Engagement in der Weltkirche.

Josef Richard Frings wurde am 6. Februar 1887 als zweites Kind des Weberei-Fabrikanten Heinrich Frings und seiner Ehefrau Maria Sels in Neuss geboren. Sein Großvater Michael Frings war von 1851 bis 1858 Bürgermeister der Stadt Neuss. Dieses Amt bekleidete nach dem Zweiten Weltkrieg Frings jüngerer Bruder Alfons. Ein weiterer Bruder war Reichsgerichtsrat in Leipzig und kam 1946 in einem sowjetischen Gefängnis zu Tode.

Volksschule und Gymnasium durchlief Frings ohne Schwierigkeiten, mehrmals als Jahrgangsbester. Die religiöse Erziehung im Elternhaus hatte maßgeblichen Anteil an seiner Berufswahl. Nach dem Abitur studierte er katholische Theologie in Innsbruck, Bonn und Freiburg und wurde am 10. August 1910 zum Priester geweiht. In der kurz zuvor gegründeten Pfarrei St. Pius in Köln-Zollstock war er zunächst als Kaplan tätig. Hier gründete und begleitete er einen Arbeiterverein und legte damit das Fundament für seine späteren sozialpolitischen Initiativen.

Zwischen 1913 und 1915 setzte Frings seine Studien fort, zunächst als Kaplan an der Santa Maria dell' Anima in Rom, dann in Freiburg. 1916 promovierte er mit einer Arbeit über die Einheit der Messiasidee in den Evangelien. Danach leitete er ein Waisenhaus in Neuss und arbeitete als Gemeindepfarrer in Köln. Von 1937 bis 1942 war Frings Regens des Kölner Priesterseminars in Bensberg. Am 21. Juni 1942 wurde er im Kölner Dom zum Bischof geweiht. Das Amt des Erzbischofs von Köln, in das er am 1. Mai 1942 überraschend berufen wurde, bekleidete Josef Frings von 1942 bis 1969. Sein Programm als Erzbischof fasste er in seinem Wappenspruch zusammen: PRO HOMINIBUS CONSTITUTUS – „für die Menschen bestellt".

Im Februar 1946 erhielt er die Kardinalswürde. Diese Beförderung stärkte seine Position gegenüber den alliierten Besatzungsmächten. Zur Erinnerung: In den ersten Nachkriegsjahren gab es keine deutsche staatliche Autorität mehr. Die oberste Regierungsgewalt in Deutschland war in der Hand von Vertretern der vier alliierten Mächte. Für die Bevölkerung war die lokale Militärregierung die oberste Instanz, die ihren Alltag regelte. Unter diesen besonderen Verhältnissen übernahm Kardinal Frings die Rolle eines inoffiziellen Sprechers der Bevölkerung gegenüber den Besatzungsbehörden. Er kritisierte unter anderem die zahlreichen Demontagen von Industrieanlagen und die ungenügende Lebensmittelversorgung. Als „Anwalt der kleinen Leute" erlangte er besonders im Hungerwinter 1946/47 große Popularität, als er in seiner Silvesterpredigt das Entwenden von Brennmaterial und Lebensmittel für moralisch gerechtfertigten Notdiebstahl erachtete: „Wir leben in Zeiten, da in der Not auch der Einzelne das wird nehmen dürfen, was er zur Erhaltung seines Lebens und seiner Gesundheit notwendig hat, wenn er es auf andere Weise, durch seine Arbeit oder durch Bitten, nicht erlangen kann.“ Danach ging Frings in Köln und später in ganz Deutschland mit dem Verb „fringsen“ für „Mundraub begehen“ in die deutsche Umgangssprache ein.

Später wurde Frings päpstlich bestellter Hoher Protektor für das Flüchtlingswesen. Hier hatte er großen Anteil an der gesellschaftlichen Integration von Millionen von Flüchtlingen und Heimatvertriebenen. Von 1945 bis 1965 war er Vorsitzender der Fuldaer Bischofskonferenz. In den Zeiten des deutschen Wirtschaftswunders war Frings Wegbereiter und Mitbegründer katholischer Spendenwerke wie Misereor und Adveniat. Er war 1961 wesentlich an der Vorbereitung und Durchführung des Zweiten Vatikanischen Konzils beteiligt. Frings verstarb am 17. Dezember 1978 in Köln.

Denkmal des Kölner Erzbischofs Josef Kardinal Frings vor der Quirinus-Basilika in Neuss. Die Kohlebriketts zu Füßen des Denkmals erinnern an seine berühmte Silvesterpredigt 1946.

46 Außen Kastell, innen Museum
Schloss Moyland

Einst trafen sich im Schloss Moyland der Aufklärer Voltaire und Friedrich der Große. Hier las der damalige Super-Philosoph dem Preußenkönig aus seiner religionskritischen Tragödie „Le Fanatisme ou Mahomet le prophète" vor. Sie entwickelten im Schloss die Idee der „Wahrheitsmanufaktur". Auch Winston Churchill war hier. Er besuchte 1945 im Rahmen der Operation Plunder den britischen Armeestab, der sich im Keller des Schlosses einquartiert hatte.

Voltaire und Churchill finden sich im Treppengeländer des Schlosses als Tierfiguren wieder. Von den ursprünglich vier Löwenfiguren wurden die zwei vorderen durch einen Wolf und einen Mops ersetzt. Die Figur des Wolfes erinnert an Voltaire und seine Bissigkeit in den Gesprächen mit Friedrich II. Der Mops erinnert an Sir Winston Churchill … 1937 bildete Schloss Moyland die Kulisse für den deutschen Kriminalfilm „Der Hund von Baskerville". Tierisch, tierisch.

Doch der Reihe nach: Schloss Moyland ist ein Wasserschloss bei Bedburg-Hau im Kreis Kleve. Es wurde 1307 als ein mit Gräben und Wällen befestigter Hof erstmals amtlich erwähnt. 15 Jahre später ist in einer Urkunde von einer Burg Moyland die Rede. Der Name ist eine Ableitung des niederländischen Wortes „Moiland", was so viel wie „schönes Land" bedeutet. Urheber des Namens waren wahrscheinlich holländische Arbeiter, die im Auftrag des damaligen Besitzers Jakob van den Eger die Feuchtgebiete um seinen Besitz herum trockenlegten.

Von dem mittelalterlichen Ursprung der Burg blieb nur wenig erhalten. Die heute noch gültige Grundstruktur bekam das Schloss im 15. Jahrhundert. Von 1695 bis 1767 befand sich Moyland im Besitz des preußischen Königshauses. König Friedrich I. nutzte die Anlage als Jagdschloss und Liebesnest. Nach weiteren Umbauten gestaltete der Kölner Dombaumeister Ernst Friedrich Zwirner im Auftrag des Schlossherrn Nikolaus Johann von Steengracht die mittelalterliche Wasserburg zwischen 1854 und 1862 zum Märchenschloss im neugotischen Stil um. Es diente der Familie bis 1945 als ständiger Wohnsitz. Kurz nach dem Besuch Churchills wurde das Schloss geplündert und verwüstet. Nach einem Brand im Jahr 1956 verfiel die Ruine immer mehr. Der Besitzer schenkte das Schloss der Stiftung Museum Schloss Moyland. Ziel war der Wiederaufbau der Anlage und die Einrichtung eines Museums. Am 24. Mai 1997 wurde das renovierte Gebäude gemeinsam mit der Gartenanlage wiedereröffnet.

Das Museum Schloss Moyland ist ein Museum für moderne und zeitgenössische Kunst. Basis der Ausstellung ist die ehemalige private Kunstsammlung der Brüder Hans und Franz Joseph van der Grinten. Im Mittelpunkt steht dabei das künstlerische Schaffen von Joseph Beuys, mit dem die Brüder seit den

Das Wasserschloss Moyland bei Bedburg-Hau gehört zu den wichtigsten neugotischen Bauten in Nordrhein-Westfalen.

1950er-Jahren eng befreundet waren. Mit annähernd 6.000 Arbeiten ist die Museumsstiftung Schloss Moyland im Besitz der weltweit größten Sammlung an Werken von Joseph Beuys. Das Joseph-Beuys-Archiv ist als internationale Forschungseinrichtung Teil der Stiftung und zugleich Institut der Kunstakademie Düsseldorf.

Im Museum finden überdies jährlich Sonderausstellungen von klassischer und zeitgenössischer Kunst sowie Veranstaltungen aus den Bereichen Musik, Literatur und Kabarett statt. Die ebenfalls wiederhergestellte Parkanlage um Schloss Moyland umfasst einen Skulpturenpark mit Arbeiten von Heinz Mack und Eduardo Chillida sowie einen Kräuter- und Blumengarten. Sie ist heute mit dem Schlossensemble und dem Museum ein Anziehungspunkt von internationaler Bedeutung.

47 Zu Besuch bei den Wildgänsen
Die Bislicher Insel

Am linken Niederrhein, zwischen Xanten und Wesel, liegt in einer Altrheinschlinge der große Landschaftsraum Bislicher Insel. Auf einer Fläche von 1.200 Hektar formen grüne Weiden, blühende Obstbäume, Tümpel und wilde Auenwälder eine der wenigen noch vorhandenen Auenlandschaften in Deutschland.

Dauerregen, kurze Starkniederschläge oder Schneeschmelzen können dazu führen, dass ein Fluss zuströmendes Wasser nicht mehr aufnehmen kann; er tritt über seine Ufer. Die flussbegleitende Landschaft, die bei Hochwasser überschwemmt wird, ist eine Aue. Auen dienen als Auffangbecken und somit als natürliche Überflutungsflächen entlang von Gewässerläufen. Sie schützen vor Hochwasser. Der Wechsel zwischen niederer und hoher Wasserführung, der Herzschlag der Aue, führt zu einer ständigen Veränderung des Gebietes. Mal ist eine Wasserfläche zu sehen, mal Schlamm, mal ist alles grün. Hierdurch sind die Auenlandschaften sehr dynamische Ökosysteme. Sie bieten vielen Tier- und Pflanzenarten, die im Laufe des Jahres abwechselnd trockene und nasse Füße bekommen, unterschiedlichste Lebensräume. Auenlandschaften gehören deswegen zu den Hotspots der Artenvielfalt.

Die Altrheinschlinge war bis zum Ende des 18. Jahrhunderts der ursprüngliche Verlauf des Flusses und für die Schiffe ein großer Umweg. Um 1788 wurde deshalb der Rhein durch den Bislicher Kanal im Norden begradigt. Durch mehrere Hochwasser verbreiterte sich der Kanal und bildet seit etwa 1800 die Hauptstromrinne des Rheins. Die Schlinge wurde dadurch zum sogenannten Altrhein. Die zwischen dem Altrhein und dem begradigten neuen Rheinstück liegende Auenlandschaft erhielt ihren Namen von der gleichnamigen Ortschaft Bislich auf der anderen Seite des Flusses. Bis auf seine südwestlichen und südlichen Teile verlandete der alte Rheinarm mehr und mehr. Er wurde zu einem Still-

gewässer, das nur durch einen schmalen Abfluss, den Graben Göt oder durch ein Hochwasser mit dem Rhein verbunden wird. Somit ist die Bislicher Insel geografisch gesehen keine richtige Insel.

Nicht nur der Strom formte die Auenlandschaft. Auch der Mensch nutzte oder nutzt noch Teile der Bislicher Insel. Wie fast überall am Niederrhein wurde auch hier das niederrheinische Gold – Kies und Sand – abgebaut. Durch die Auskiesung entstand eine Reihe von Baggerseen mit steilen Ufern, Inseln und Landzungen. Tief unter der Bislicher Insel wird aktuell Salz gefördert.

Als eine der letzten naturnahen Auenlandschaften am Niederrhein ist das Gebiet heute ein Naturschutzgroßprojekt. Zum Schutz der Flora und Fauna fanden unterschiedliche Renaturierungen statt. Campingplätze wurden geschlossen, asphaltierte Wege entfernt, Flutmulden angelegt, die Steilufer der Baggerseen abgeflacht und Biber angesiedelt. Auf beschilderten Wegen können Fußgänger und Radfahrer die mystische Auenlandschaft erkunden und an drei Beobachtungskanzeln die Vogelwelt der Seenplatte beobachten. Schon lange ist die Bislicher Insel ein Vogelschutzgebiet von überregionaler Bedeutung. Jahr für Jahr beziehen bis zu 25.000 arktische Gänse hier ihr Winterquartier. Mit etwas Glück kann der Besucher neben Gänseschwärmen am Himmel oder auf den Wiesen Silberreiher, Kormorane, Störche und sogar Seeadler beobachten.

Der vom Regionalverband Ruhr erworbene ehemalige Eyländer Hof wurde mit Förderung der Deutschen Bundesstiftung Umwelt vom Regionalverband Ruhr zum NaturForum Bislicher Insel ausgebaut. Es informiert über die einzigartige Auenlandschaft am Niederrhein.

Der Tag erwacht auf der Bislicher Insel.

48 Kunst auf Knien
Wilhelm Lehmbruck

Wilhelm Lehmbruck zählt neben Käthe Kollwitz und Ernst Barlach zu den bedeutendsten Plastikern des deutschen Expressionismus. Sein Werk umfasst etwa 100 Skulpturen, darunter „Der Gestürzte", eine seiner bekanntesten Arbeiten, mehr als 1.000 Zeichnungen, 80 Gemälde und großformatige Zeichnungen und Druckgrafiken.

Wilhelm Lehmbruck wurde am 4. Januar 1881 in der damals selbstständigen Gemeinde Meiderich am Niederrhein geboren. Er war eines der vier Kinder von Johann Wilhelm Lehmbruck und seiner Frau Margareta Elisabeth. Die Familie besaß in Meiderich ein Haus mit Stall und einem großen Grundstück, das sie entsprechend der damaligen Zeit zur Selbstversorgung landwirtschaftlich nutzte. Lehmbrucks Vater arbeitete zusätzlich noch als Tagelöhner im Bergbau. Das Haus und das Grundstück in Obermeiderich sind heute noch fast vollständig erhalten.

Nach Beendigung der Volksschule gelingt Lehmbruck 1895, wahrscheinlich durch die Empfehlung seines Meidericher Zeichenlehrers und eines kleinen Stipendiums der Gemeinde, die Aufnahme in die Düsseldorfer Kunstgewerbeschule. Der Unterricht dort war handwerklich und gleichzeitig berufsorientiert. Bis 1906 studierte Lehmbruck Bildhauerei an der Düsseldorfer Kunstakademie und war Meisterschüler von Karl Jansen. In dieser Zeit unternahm er verschiedene Studienreisen. Ende 1906 gab er sein Debüt auf mehreren regionalen Ausstellungen. Sein eigenes Atelier richtete er 1907 in der Düsseldorfer Florastraße ein. Hier wohnte er auch später mit seiner Familie. Um als freier Bildhauer zu bestehen, wurde er Mitglied im Verein Düsseldorfer Künstler. Seine wichtigsten Einnahmequellen waren Porträtaufnahmen und Grabplastiken. Schon früh fand Lehmbruck Kontakte zu Sammlern wie Carl Nolden, Eduard von der Heydt und Karl Ernst Osthaus, die viele seiner Werke erwarben und ihn damit halbwegs finanziell absicherten. Auf der Deutsch-Nationalen Kunstausstellung 1907 in Düsseldorf präsentierte Lehmbruck vier seiner Arbeiten. 1911 wurden erstmals Kunstwerke von ihm im Salon der Société nationale des beaux-arts in Paris gezeigt. Immer war der menschliche Körper Mittelpunkt seines bildhauerischen Werkes.

Im Juni 1908 heiratete Wilhelm Lehmbruck Anita Kaufmann und 1909 kam ihr erster Sohn Gustav-Wilhelm auf die Welt. Nach mehreren Aufenthalten in Paris aufgrund seiner Ausstellungsbeteiligungen siedelte er 1910 mit seiner Familie in die französische Landeshauptstadt über, wo er im Künstlerviertel Montparnasse lebte. Hier vollendete er seine „Stehende weibliche Figur", die im Salon d'Automne ausgestellt wurde.

1912 zeigt Lehmbruck auf der Sonderbundausstellung in Köln mehrere Arbeiten und 1913 beteiligt er sich an

Die „Kniende“ (Paris 1911) gilt als Lehmbrucks wichtigste Skulptur.

der „Amory Show“ in New York. Eine erste große Einzelausstellung hatte er dann 1914 in der Galerie „Paul Lavesque“ in Paris. Während eines Aufenthaltes 1914 in Köln anlässlich der Werkbund-Ausstellung bemerkte Lehmbruck die Kriegseuphorie der Bevölkerung. Er fuhr sofort nach Paris zurück, um seine Frau und seine beiden Kinder – inzwischen war sein zweiter Sohn Manfred geboren – nach Deutschland zu holen. Hier lebte er zunächst in Köln. Da er Berlin von mehreren Ausstellungen kannte, übersiedelte er mit seiner Familie 1914 in die Hauptstadt und richtete sich dort ein Atelier ein. Der Einsatz als Frontsoldat blieb ihm erspart, seine aktive Zeit als Soldat beschränkte sich auf einen kurzen Einsatz als Sanitäter eines Lazaretts in Berlin. Aufgrund einer amtlich bescheinigten Schwerhörigkeit wurde Lehmbruck vom Militärdienst freigestellt. Trotzdem belastete der Weltkrieg ihn psychisch schwer. 1916 übersiedelte er fluchtartig in die neutrale Schweiz, um dort das Kriegsende abzuwarten. In Zürich eröffnet er ein Atelier, wo 1917 sein dritter Sohn Guido geboren wurde.

Seine in den Kriegsjahren gestalteten Arbeiten zählen zu den Höhepunkten seines Wirkens. Die Ernennung zum Mitglied der Preußischen Akademie der Künste, der höchsten Anerkennung, die ein Künstler im Deutschen Reich erhalten konnte, hat er wahrscheinlich nicht mehr erfahren. Eine wachsende Depression trieb Wilhelm Lehmbruck am 25. März 1919 in den Selbstmord. Ursache dafür war seine unerwiderte Liebe zu der jungen Schauspielerin Elisabeth Bergner. Lehmbruck ist auf dem Waldfriedhof in Duisburg-Wanheimerort beerdigt. Seine Arbeiten werden im Duisburger Wilhelm-Lehmbruck-Museum präsentiert.

49 „Ein liebenswürdiger Betrug“
Schloss Benrath

Düsseldorf kann nicht nur auf der „Kö“ prunkvoll: Vor den Toren der Landeshauptstadt steht Schloss Benrath, eines der schönsten Gartenschlösser des 18. Jahrhunderts. Das denkmalgeschützte Ensemble gehört zu den in Europa selten gewordenen Gesamtkunstwerken des ausgehenden Rokoko. Es ist eines der attraktivsten touristischen Ausflugsziele der Region und diente als Kulisse für diverse Spielfilme.

Bauherr des Schlosses war Karl Theodor von der Pfalz, seinerzeit Kurfürst von der Pfalz, Kurfürst von Bayern und Herzog des Bergischen Landes, zu dem auch die damals noch selbstständige Großgemeinde Benrath gehörte. Im Jahr 1755 beauftragte der Kurfürst den französischen Bau- und Gartendirektor Nicolas de Pigage mit dem Bau einer Maison de plaisance, eines Lust- und Jagdschlosses, für den Sommeraufenthalt vor den Toren Düsseldorfs und als Witwensitz für Kurfürstin Elisabeth Auguste. Mit dem Gebäude wollte sich der Kurfürst Privatsphäre verschaffen, um dem höfischen Leben und seiner Etikette zumindest temporär aus dem Weg gehen zu können. Das Schloss entstand auf den Fundamenten einer mittelalterlichen Burg der Herren von Benrode. Es besteht aus einem erhöhten Corps de logis, dem Haupttrakt des Schlosses, den seitlich vorgelagerten Kavaliersgebäuden und ihren beiden Torhäusern, die sich um einen Schlossweiher gruppieren. Das Hauptgebäude präsentiert sich dem Betrachter als eingeschossige Fassade. Diese Ansicht täuscht, das Schloss besteht tatsächlich aus vier Etagen mit 80 Räumen, zwei

Lichthöfen und sieben Treppenhäusern. Darum wird das Schloss auch „ein liebenswürdiger Betrug“ genannt.

Der Autor erlaubt sich hier einen kleinen Hinweis an alle armen Gymnasiasten und Studenten unter den Lesern, die „Effi Briest“ als Lektüre lesen mussten oder noch müssen: Im östlichen der erwähnten Kavaliersgebäude wohnte Anfang der 1880er-Jahre kein Geringerer als der Rittmeister Armand von Ardenne mit seiner Frau Elisabeth, deren Schicksal für Theodor Fontane Anlass war, seinen Roman „Effi Briest“ zu verfassen.

Von der Aussichtsplattform auf dem Dach des Hauptgebäudes eröffnet sich ein großartiger Blick auf die gesamte weitläufige Parkanlage, die bis zum Rheinufer verläuft. Schloss Benrath ist pastellrot verputzt und mit strahlend weißen Zierelementen, Schlagläden und Figurenschmuck versehen. Die Anlage kostete den Kurfürsten damals 700.000 Taler. Wer hat, der hat ...,

Bei der Besichtigung des Hauptschlosses erhält der Besucher einen Einblick in das höfische Leben der zweiten Hälfte des 18. Jahrhunderts. Im Ostflügel des Schlosses befindet sich das Museum für Europäische Gartenkunst. Die thematisch einzigartige Ausstellung zeigt Skulpturen und Plastiken, Gemälde und Grafiken, Porzellan sowie Medien-Themenwelten der Gartenkunst. Dabei führt sie, beginnend mit dem locus amoenus der Antike, über die italienische Renaissance und die barocken repräsentativen Gartenanlagen bis zu den Landschaftsgärten der Nachbarn in Frankreich und England. Im westlichen Bau des Schlosses befindet sich seit 1929 das Museum für Naturkunde. Es widmet sich der Naturgeschichte der Niederrheinischen Bucht und des Niederbergischen Landes. Die Themen der Ausstellung befassen sich mit der heimischen Flora und Fauna, beginnend mit dem Verlauf des Rheins über die Jahrhunderte, der früheren Rheinfischerei, den Mooren und der Heide. Der starke lokale Bezug macht das Museum bis zum heutigen Tag überregional einzigartig.

Die für das Bau- und Gartenensemble verantwortliche Stiftung Schloss und Park Benrath veranstaltet regelmäßige Führungen durch die verschiedenen Bereiche der Anlage.

Das Ensemble zählt mit seinen Parks und Gärten zu den schönsten Schlossanlagen des ausgehenden Rokoko.

50 Straßenpflaster als Leinwand
Internationaler Straßenmalwettbewerb

Im Jahr 1979 trafen sich in Geldern 60 Straßenmaler, um das Stadtbild zur 750-Jahr-Feier künstlerisch auszuschmücken. Damals konnte noch niemand ahnen, dass sich daraus die weltweit größte Veranstaltung für Straßenmalerei entwickeln würde.

Immer am letzten Wochenende der Sommerferien findet in Geldern der weit über den Niederrhein hinaus bekannte Internationale Straßenmalwettbewerb statt. Die zweitägige Kulturveranstaltung ist inzwischen zu einem Gelderner Markenzeichen geworden. Rund 500 bis 600 Künstler aus ganz Deutschland und aus dem Ausland machen dann das Pflaster zur Leinwand. Teilnehmen darf jeder, der ein Stück Kreide halten kann. Kinder, Jugendliche und erwachsene Freizeitmaler verwandeln gemeinsam mit professionellen Größen aus der Szene die Gehwege und Plätze der Gelderner Innenstadt in eine große Open-Air-Galerie. Eine fachkundige Jury bewertet in der Kategorie „Meisterklasse" die besten Arbeiten und belohnt die Kreidekünstler mit einem ansehnlichen Preisgeld. Dabei wird besonders auf die Technik und Sauberkeit geachtet. Wichtig ist, dass das Bild fertig ist. Auch die zahlreichen Besucher können mitentscheiden. In jedem Jahr wird ein Publikumspreis für das beliebteste Bild verliehen. So entstehen in den beiden Tagen großartige Bilder von höchster künstlerischer Brillanz. Beliebt beim Publikum sind Bilder mit Tierkindern, auffällige Farben und Straßenmaler, die im Stile der alten Meister wie Michelangelo, Rubens oder Botticelli malen.

Besonders populär ist die Malerei in 3D, eine noch relativ neue Art auf der Straße zu malen. Mit dieser Technik schaffen die Künstler verblüffende optische Illusionen, die, von einem speziellen Punkt betrachtet, den Eindruck erwecken, tatsächlich dreidimensionale Objekte zu sehen.

Da die Künstler ihre Arbeiten nicht als fertige Bilder mitbringen, sondern direkt vor Ort erschaffen, hat der Besucher die seltene Gelegenheit, bei der Gestaltung eines Kunstwerkes direkt dabeizusein. Der Gelderner Straßenmalwettbewerb gilt als Sprungbrett für Künstler wie Gregor Wosik, Marion Ruthardt, Frederika Wouters oder Arndt Nicolai. Edgar Müllers Lavastrom in 3D auf der Gelderstraße erreichte im Internet inzwischen Kultstatus.

Seit einigen Jahren wird der Internationale Straßenmalwettbewerb von einem Straßenmusikwettbewerb begleitet. Bands, Einzelkünstler und lokale Musiker liefern mit Voice-Machine, Leierkasten oder Didgeridoo quasi den individuellen Soundtrack zur bunten Straßenkunst. Die verschiedenen Genres der Künstler sorgen für eine außergewöhnliche Atmosphäre. Auch hier gibt es etwas zu gewinnen, denn am Samstagabend ermitteln eine Jury und die Besucher den Gewinner des Wettbewerbes. Danach

Auf Kunstwerke(n) stehen: Der internationale Straßenmalerwettbewerb in Geldern ist die weltweit größte Veranstaltung für Straßenkunst.

wird der Wettkampf auf dem Marktplatz mit einem Musikfestival beendet.

Der Internationale Straßenmalwettbewerb wird zudem von einem attraktiven Rahmenprogramm begleitet. Ob Artistik, Theater, Komödie oder Kabarett – Kleinkünstler finden an den beiden Tagen ebenfalls ihr Publikum. Auf dem Kunst- und Kreativmarkt am Sonntag suchen Angebote aus den Bereichen Malerei, Fotografie, Schmuck und Bildhauerei, Floristik, Textilgestaltung, Töpferei, Keramik, Glaskunst, Skulpturen und Gartenkunst ihre Käufer.

Damit die ambulante Kunst auch nach Ende des Wettbewerbs noch einige Zeit erhalten bleibt, werden die Bilder mit einer speziellen Fixierung versiegelt. Dadurch verwandelt sich die Innenstadt von Geldern für einige Wochen in ein begehbares Straßenbildmuseum. Hier darf die Kunst – natürlich nur im positiven Sinne – buchstäblich mit Füßen getreten werden.

51 Kleinstadt mit großer Kirche
Der Xantener Dom

Mit seiner mächtigen Silhouette erhebt sich der Dom St. Viktor über das Stadtbild von Xanten. Die im gotischen Stil erbaute Kirche gilt als der größte Dom zwischen Köln und dem Meer. Er ist ähnlich alt wie der Kölner Dom, wurde aber, anders als sein großer Bruder, noch im späten Mittelalter fertiggestellt.

Friedrich von Hochstaden, Propst von Xanten und Bruder des Kölner Erzbischofs, legte am 22. August 1263 den Grundstein des heutigen Doms. Der Bau dauerte 281 Jahre und wurde im Jahr 1544 vollendet. Für die damaligen Verhältnisse war das recht flott. Aber, was heißt für die damaligen Verhältnisse – ginge das heute viel schneller? Denken wir doch nur an die „Luftnummer" Berliner Flughafen …

Der Anlass für den Bau des Domes war die Legende Viktors von Xanten. Er ist ein Märtyrer der katholischen und der orthodoxen Kirche. Der Überlieferung nach war Viktor Kommandant einer zur Thebäischen Legion gehörenden Truppeneinheit der römischen Armee. Er und seine Legionäre bekannten sich zum Christentum und verweigerten den Befehl, heidnischen Göttern zu opfern. In Xanten fiel er der Christenverfolgung unter Kaiser Maximin zum Opfer. Anno 302 soll Viktor mit anderen christlichen Gefährten den Märtyrertod erlitten haben. Er wurde im Bereich des heutigen Doms bestattet. Über seinem Grab entstand in der Zeit um 400 eine kleine Erinnerungsstätte, eine Cella memoria, in Form eines schlichten Fachwerk- und Holzpfostenbaus. In der Nähe wurden später Gräber angelegt. Die Verstorbenen sollten „ad sanctos" (bei den Heiligen") ruhen. Im Nibelungenlied wurde Xanten als Heimat Siegfrieds „ze santen" genannt. Daraus soll sich dann der Ortsname Xanten entwickelt haben.

Diese Auffassung entspricht aber eher der kirchlichen Tradition. Xanten hat in Wirklichkeit natürlich schon zur Zeit der Römer, die dort ihre Castra Verera errichteten, einen Namen gehabt. Das kann naturgemäß nur ein keltischer gewesen sein. Etwa Santunum, Santonia o. Ä., worauf auch das benachbarte Birten (= Bertunam) deutet. Damit wäre auch der Wortsinn gegeben, nämlich „Ort am Sumpfwasser", zumal vor den Toren der Stadt ein Sumpf lag.

Im Laufe der Zeit wurde das Grab Viktors mehrfach durch Kapellen und Kirchen überbaut. Etwa Mitte des 8. Jahrhunderts gründeten Kanoniker ihm zu Ehren ein Stift. Neben dem Stift entwickelte sich über dem alten römischen Friedhof eine Siedlung, aus der die Stadt Xanten nebst Dom hervorging. Die neue Kirche wurde im Stil der lothringischen Gotik als querschifflose, fünfschiffige Basilika mit doppeltürmiger Westfront errichtet. Lediglich die westliche Fassade des Doms sowie die Türme aus der Epoche der Romanik wurden beibehalten. Die Baumeister schlugen

Der mächtige gotische Dom St. Viktor, landläufig auch Xantener Dom genannt, beherrscht das Stadtbild Xantens.

mit der Errichtung des Domes ungewollt eine Brücke zur Vergangenheit, denn die Materialien stammten teilweise aus dem Abbruch der benachbarten Römerstadt.

Nicht nur für die Freunde von Sakralbauten ist die Architektur des Domes überwältigend. Er wurde 1936 zur päpstlichen Basilica minor erhoben. Mit einer Höhe und einer Länge von etwa 70 Metern und einer Breite von rund 40 Metern gehört der Xantener Dom zu den größten Sakralbauwerken Nordrhein-Westfalens. Er ist in der niederrheinischen Ebene eine weithin sichtbare Landmarke. Im Inneren des Domes erwarten den Besucher großartige Kunstschätze. Zahlreiche Altäre, viele Heiligen-Skulpturen, Tafelbilder, Wandteppiche und Glasmalereien schmücken die Kirche. Die Stiftsbibliothek beinhaltet über 20.000 Werke, unter anderem sehr wertvolle Handschriften. Die Propstei- und ehemalige Stiftskirche St. Viktor ist die Hauptattraktion der Stadt Xanten und das Ziel vieler Beter, Pilger und Besucher.

52 Prähistorisches Teufelswerk
Die Düwelsteene in Heiden

Knapp hinter der Grenze des Niederrheins zum westlichen Münsterland liegt, tief in einer von Kiefern bewachsenen Dünenlandschaft versteckt, die südwestlichste Megalithanlage der Trichterbecherkultur. Die aus mächtigen Findlingsblöcken aufgetürmte Steinkammer der Jungsteinzeit (ca. 3500–2800 v. Chr.) in der Gemeinde Heiden wird niederdeutsch Düwelsteene, also Teufelsteine, genannt.

Das Baumaterial stammt aus geologischen Vorgängen der Saale-Eiszeit vor rund 145.000 Jahren. Verschiedene Gesteinsarten wurden mit 100 Meter dicken Eisschichten aus dem Norden hierher verschoben. So auch die rundgeschliffenen, bis zu sieben Tonnen schweren Gesteinsbrocken, die unsere Vorfahren vor etwa 4.000 Jahren in Heiden zu einem Steinkammergrab zusammenfügten. Es hat eine Länge von 21 Metern und ist 1,70 Meter breit. Hält man sich die Maße und Gewichte vor Augen, so kann man vor den Erbauern des Großsteingrabes nur den Hut ziehen. Gabelstapler und Autokräne gab es ja erst etwas später.

Die tonnenschweren Riesensteine wurden zunächst auf Baumstämmen, die als Schienen und Rollen dienten, zur Baustelle geschleppt. Dort platzierten die Baumeister die Findlinge mithilfe von hölzernen Hebeln und Muskelkraft an die vorgesehene Stelle. Das Dach der Steinkammer bestand aus großen, flachen Steinplatten. Eine aufgeschüttete Rampe diente als schiefe Ebene. Darüber konnten die Decksteine nach oben befördert werden. Der Aufbau einer solchen Anlage war mit erheblichen Bauzeiten verbunden. Voraussetzung war somit die Sesshaftigkeit. Die Menschen der Jungsteinzeit waren, auch in Heiden, Ackerbauern und Viehzüchter. Wahrscheinlich gehörten sie zur Trichterbecherkultur. Diese Bezeichnung ist abgeleitet von den Gefäßen aus Keramik, die sie herstellten und die einem Trichter ähneln, weil sie nach unten spitz zulaufen.

Der Name „Teufelstein“ kommt nicht nur in Heiden vor. Mit dem abschreckenden Bild des Teufels, dem alten Lügner, versuchte der Klerus, auch die letzten Reste der alten heidnischen Religionen aus dem Gedächtnis der Menschen zu löschen. Teufelssteine sind also meist ein Werk des Satans. So auch in Heiden: Beim Bau seines Domes in Aachen ging Karl dem Großen irgendwann das Geld aus. Das hatte auch der Teufel, der alte Lümmel, mitbekommen und versprach Hilfe. Als Gegenleistung verlangte er die Seele des ersten Dombesuchers nach der Eröffnung. Er hatte aber vergessen, im Vertrag auf eine menschliche Seele zu bestehen. Die trickreichen Mönche fingen daraufhin in den Ardennen einen Wolf, den sie am Tag der Einweihung als erste Seele in den Dom trieben. Im Halbdunkel der Kirche riss der blindgierige Teufel dem scheinbaren Kirchenbesucher die Seele aus dem Leib. Darin geübt, bemerkte er schnell den Betrug. Rasend vor Wut und laut stamp-

Die Teufelsteine, plattdeutsch Düwelsteene, sind die südwestlichste Megalithanlage der Trichterbecherkultur. Das Großsteingrab entstand etwa 3500 bis 2800 vor Christus.

fend verließ er den Dom. Racheschwörend sammelte er einen Sack voll Findlinge, mit denen er den Dom zerstören wollte. Unterwegs nach Aachen traf er in Heiden einen Schusterjungen, der ein Dutzend Paar verschlissene Schuhe auf seinen Schultern transportierte. Der Teufel hatte schon „etwas Rücken" und fragte den Jungen nach der Entfernung bis Aachen. An seinem Pferdefuß erkannte der pfiffige Knabe den Teufel und antwortete: „Ich komme von dort und habe bis hierher schon all die Sohlen durchgetretenen". Da warf der übermüdete Teufel völlig entmutigt und stocksauer die Steine mit einem lauten Fluch zu Boden. Seit dieser Zeit heißen sie Teufelsteine …

Aus der Zeit der Megalithkultur gibt es keine mündlichen oder schriftlichen Überlieferungen. Darum lässt sich heute nicht genau sagen, ob die Megalithanlage in Heiden als schlichte Begräbnisstätte, als Kultstätte für die Götter oder als Opferplatz diente. Bekannt ist, dass die Teufelsteine über lange Zeit als Kollektivgrab genutzt wurden. Es enthielt Überreste einer ganzen Reihe von Bestattungen. Eine andere Überlegung ist, dass durch solche Großsteinanlagen Territorien gekennzeichnet wurden, um sich gegen andere Clans abzugrenzen. Wie dem auch sei, es werden sich wohl auch weiterhin viele Mythen und Sagen um die geheimnisvollen Düwelsteene ranken.

53 „Jeder Mensch ist ein Künstler" Joseph Heinrich Beuys

Der Aktionskünstler, Bildhauer, Zeichner, Kunsttheoretiker und Politiker Joseph Beuys war in den Augen der Kritiker ein Scharlatan, Guru, Magier oder Schamane. Für seine Verehrer ist er aufgrund der mannigfaltigen Dimension seiner Lehre der Leonardo da Vinci des 20. Jahrhunderts.

Joseph Beuys kam am 12. Mai 1921 in Krefeld als Sohn des Kaufmanns Josef Jakob Beuys und dessen Ehefrau Johanna Maria Margarete, geborene Hülsermann, auf die Welt. Im Herbst zog die Familie nach Kleve. Dort ging Beuys auch zur Schule. Kurz vor dem Abitur machte Beuys einen Ausbruchsversuch aus seinem kleinbürgerlichen Umfeld; er heuerte für ein Jahr bei einem Zirkus an. Die Lehrer gaben ihm eine zweite Chance und so konnte er Ostern 1941 das Hindenburg-Gymnasium in Kleve mit dem Reifezeugnis verlassen. Im selben Jahr meldete er sich freiwillig zur Luftwaffe. In Posen wurde er zum Bordfunker und -schützen für den Sturzkampfbomber Ju 87 ausgebildet. Sein Ausbilder war der Unteroffizier Heinz Sielmann aus Rheydt, der sich nach dem Krieg als Tierfilmer einen Namen machte. Beide verband fortan bis zum Tod von Beuys eine enge Freundschaft. Am 16. März 1944 überlebte Joseph Beuys als Bordschütze den Absturz mit einer Ju 87. Nach seiner Genesung wurde er als Fallschirmjäger an der Westfront eingesetzt. Kurz nach der deutschen Kapitulation geriet Beuys in Cuxhaven in britische Kriegsgefangenschaft und kam in ein Lager, aus dem er am 5. August 1945 entlassen wurde.

Im Frühjahr 1947 begann Beuys sein Studium an der Staatlichen Kunstakademie Düsseldorf bei dem Bildhauer Joseph Enseling. Später war er Meisterschüler von Ewald Mataré und beschäftigte sich mit Leonardo Da Vinci, Johann Wolfgang von Goethe und besonders Rudolf Steiner, dessen Anthroposophie eine wichtige Quelle für das beuyssche Schaffen war. Im Wintersemester 1952/53 schloss er das Studium ab. Zu dieser Zeit war Beuys schon mit den Brüdern Hans und Franz Joseph van der Grinten aus Kranenburg am Niederrhein befreundet, die ihn zeit seines Lebens als Sammler und Freunde begleiteten. Im Haus der Brüder fand 1953 auch seine erste Einzelausstellung „Joseph Beuys, Plastik, Graphik" statt. Von 1954 bis 1958 wirkte Beuys im eigenen Atelier in Düsseldorf-Heerdt. Ende 1955 zog er sich aus der Öffentlichkeit zurück. Die Isolation führte zu einer depressiven Krise, die Ende 1957 mit der Feldarbeit auf dem Hof der Brüder van der Grinten ausgestanden war.

1959 heiratete Joseph Beuys die Kunsterzieherin Eva-Maria Wurmbach, 1961 kam Sohn Wenzel, 1964 Tochter Jessika zur Welt. Die Düsseldorfer Kunstakademie berief ihn 1961 auf den Lehrstuhl für monumentale Bildhauerei. Gleichzeitig bezog er ein Atelier in Düsseldorf-Oberkassel. Am 10. Oktober 1972 entließ ihn der damalige Minister für Wissenschaft und Forschung des Landes Nordrhein-

Josph Beuys mit Fahrrad auf den Stufen des Haupteingangs der Kunstakademie Düsseldorf.

Westfalen, Johannes Rau, aus dem Hochschulamt. Beuys hatte mit abgewiesenen Studenten mehrfach das Sekretariat der Kunstakademie Düsseldorf besetzt. Er war der Meinung, dass jeder, der Kunst studieren wolle, auch Kunst studieren sollte und hatte mehrfach abgelehnte Studenten in seine Klasse aufgenommen. Keineswegs wollte Beuys damit sagen, dass jeder ein Maler oder Bildhauer wäre, sondern dass ein Mensch, der kreative Fähigkeiten besitze, diese auch anwenden und ausbilden müsse.

Anfangs arbeitete Beuys noch als traditioneller Bildhauer, Zeichner und Maler. Zu Beginn der 1960er-Jahre verließ er die klassische Kunstszene. Er wurde Mitglied der neu gegründeten Fluxus-Bewegung und beteiligte sich an neodadaistischen Aktionen. Des Weiteren veranstaltete er zahlreiche Aktionen, die meist mit seinem politischen Engagement verbunden waren. Beuys arbeitete unter anderem mit Fett, Filz, Kupfer, Honig, mit technischen Geräten wie Aggregaten, Empfängern, Filtern, Sendern, Kondensatoren, Dynamos, Tonbandgeräten, Videorekordern und Telefonen. Er verwendete Blut und Dreck, Mullbinden, Heftpflaster, Gaze, Injektionsnadeln, Knochen und Haare. Zentrales Anliegen seiner Sozialen Plastik war die Einflussnahme der Kunst auf politische und gesellschaftliche Veränderungen. Die populärste Aktion des vielfachen Documenta-Teilnehmers war die Bepflanzung der Stadt Kassel mit 7.000 Eichen.

Joseph Beuys gilt heute als einer der wichtigsten Protagonisten der Kunst des 20. Jahrhunderts. Die Stiftung Museum Schloss Moyland besitzt mit annähernd 6.000 Arbeiten von Joseph Beuys – Zeichnungen, Wasserfarbenblättern, Ölgemälden und plastischen Bildern – die weltweit größte Sammlung. Hier befindet sich auch das Joseph-Beuys-Archiv des Landes Nordrhein-Westfalen.

54 Wo die Motte keine Flügel hat

Aldeberg

Ab 900, hauptsächlich aber im 11. Jahrhundert, wurden in Mitteleuropa Turmhügelburgen gebaut. Hierzu wurde auf einer kleinen Fläche Erde aufgeschüttet. Auf diesem Erdhügel errichtete man dann einen Turm als Wohnsitz des Burgherrn und seiner Familie. Diese Art von Burgen, die gar nicht unseren Vorstellungen von einer Burg entsprechen, heißen auch Motten.

Der Name ist abgeleitet vom französischen Wort „motte" (= Klumpen, chateau à motte = Burg aus Erdsoden). Im hohen Mittelalter hatte sich der Burgtyp der Motte von Frankreich aus über Nordwest- und Mitteleuropa verbreitet. Vor allem im Flachland, wo der Bau einer Höhenburg unmöglich war, bot der durch Wassergraben und Palisadenzaun umgebene Turmhügel Schutz. Vom hohen Mottenplateau war zum einen ein besserer Überblick zu erreichen und zum anderen eine Senkrechtverteidigung sehr viel erfolgreicher durchzuführen. Gleichzeitig stellte die Turmhügelburg einen repräsentativen Adelssitz dar, wobei die deutliche Überhöhung eine symbolhafte soziale Komponente im Sinne von Abheben gegenüber der übrigen, tiefer stehenden Bevölkerung beinhaltete. Die meisten Motten wurden vom neu entstandenen, niederen Dienstadel, den Ministerialen, als befestigter Wohnsitz errichtet. Die wenigsten von ihnen waren aus Stein. Steine waren in Niederungen Mangelware und dementsprechend teuer. Darum war Holz das Baumaterial der Wahl. Größere Steinbauten hätten in dem weichen Untergrund auch zu statischen Problemen geführt.

Um kein Missverständnis aufkommen zu lassen, sei noch erklärt, dass von einer Turmhügelburg heute meist nur noch der Hügel oder Burgberg erhalten ist. Häufig ist die Erde abgerutscht und der Hügel ist nicht mehr so steil. Die Gräben sind oftmals versumpft oder ganz verfüllt. Prozesse wie Brände, Zerstörungen und Verwitterung sind Ursachen dafür, dass die einstige Burg selbst nicht mehr vorhanden ist. Am Niederrhein und entlang der Emscher waren die hölzernen Wehranlagen zahlreich anzutreffen.

Die größte und besterhaltene Motte in dieser Landschaft ist die Motte Aldeberg in Wegberg. Etymologisch ist der Name abgeleitet von dem über Jahrhunderte gebräuchlichen Namen „Aldeborg" (= die alte Burg). Von etwa 1150 bis ins 14. Jahrhundert soll die Verteidigungs- und Wohnanlage besiedelt gewesen sein. Erbauer der Motte war der Ritter Arnoldus miles de Orsbeke. Die Hauptburg besteht aus einem zwölf Meter hohen und an der Basis 60 Meter messenden kegelförmigen Hügel, der von einem eingeebneten Graben umschlossen wird. Östlich des Hügels schließt sich die Vorburg in einer Größe von 60 x 60 Metern mit umfangreichen Gräben und Wallanlagen an. Auf dem Plateau, auf dem einst das Burggebäude stand, befand sich eine Kapelle, die nach mehrfachen Beschädigungen durch ein Kreuz aus Eichenholz ersetzt wurde.

Die Motte Aldeberg, auch „Alde Berg" genannt, ist die größte und besterhaltene hochmittelalterliche Burganlage des Burgentyps Motte (Turmhügelburg) zwischen Maas und Rhein.

Die Burg war ab dem 14. Jahrhundert unbewohnt. Hierdurch wurde in den nachfolgenden Jahrhunderten die Wildheit und Verlassenheit der Anlage ein Nährboden für Legendenbildungen und Spukgeschichten. Es entstanden Erzählungen vom Werwolf, der dort sein Unwesen trieb und Heinzelmännchen, die im alten Berg wohnten. Der Berg war auch Ort eines Fürbitte-Kultes mit Bindezauber-Brauchtum. Menschen mit akuten oder chronischen Krankheiten oder deren Angehörige gingen zum Aldeberg. Hier banden sie die Krankheit in Form von Schleifen, begleitet von Gebeten, in die Zweige der Sträucher. Noch heute zieht der wundersame Berg immer wieder Menschen an, die hier die Magie des Ortes suchen.

55 Die First Lady des deutschen Kabaretts
Lore Lorentz

Lore Lorentz kam eher zufällig auf die Kabarettbühne. Die Geschichte über den Weg dorthin fand sie selbst so kitschig, dass sie sie kaum erzählen wollte: Ursprünglich saß sie an der Kasse des Theaters eines Freundes, als sich die Diseuse kurzfristig krankmeldete. Lorentz übernahm spontan deren Rolle. Von Presse und Publikum bejubelt, wurde sie über Nacht zum Star.

Lore Lorentz wurde am 12. September 1920 als Lore Schirmer in Mährisch-Ostrau, dem heutigen Ostrava, Tschechoslowakei, geboren. Die Tochter eines Ingenieurs machte 1940 am dortigen Gymnasium ihr Abitur. Anschließend studierte sie sieben Semester in Wien, dann ein Semester an der Berliner Humboldt-Universität die Fächer Geschichte, Germanistik und Philosophie. Hier lernte sie auch ihren späteren Mann, den Regisseur und Autor Kay Lorentz, kennen. In den Trümmern Düsseldorfs, im Hinterzimmer einer Kneipe, gründete sie 1947 gemeinsam mit ihm ohne Theaterkenntnisse ihr eigenes Kabarett, die „Kleine Literaten-, Maler- und Schauspielerbühne“: das „Kom(m)ödchen“. Mit dem Ensembleprogramm „Positiv dagegen“ wurde Premiere gefeiert.

Die Kabarettbühne in der Düsseldorfer Altstadt entwickelte sich in kurzer Zeit zu einem der wichtigsten Schauplätze des politischen Kabaretts in der jungen Bundesrepublik. Fast 40 Jahre prägte die „Grande Dame des deutschen Kabaretts“ das Haus. Unverwechselbar waren ihr Sprechgesang, ihre knappe Gestik und ihre präzise Ausdrucksform mit kunstvoll gesetzten Textpausen. Gemäß ihrem Grundsatz: „Wir dürfen die Demokratie nicht verplempern“, provozierte sie mit Kabarett-Texten und Chansons den biederen, spießigen Muff der bundesrepublikanischen Gesellschaft der Nachkriegszeit und kritisierte mit bitterbösem Hohn den Machtmissbrauch und die Arroganz dreister Amtsträger und Politiker.

Das Verbreiten von unangenehmen Wahrheiten führte, auch oder gerade zu der damaligen Zeit, mehrfach zu hysterischen Reaktionen. So fühlte sich der damalige Verteidigungsminister Franz Josef Strauß „schwerwiegend verunglimpft“, als er 1959 von einem Sketch hörte, der die Diskrepanz zwischen seinen ehemaligen pazifistischen Aussagen und seiner Aufrüstungspolitik anprangerte. Ihm fiel dazu nichts Besseres ein, als die Fernsehübertragung dieser Nummer zu verbieten und ein einjähriges Fernsehverbot gegen das „Kom(m)ödchen“ durchzusetzen. Mehr Anerkennung konnte es für die Kabarettisten aus der Landeshauptstadt wohl kaum geben. „Solange ich noch Lores wütende Schreie aus ihrer Garderobe höre, wenn sie die Tagesschau sieht, so lange ist alles in Ordnung“, sagte Kabarettist Thomas Freitag einmal über Lore Lorentz.

Bekannte Mitglieder des Ensembles waren neben Thomas Freitag unter anderem Ernst Hilbich, Heinz von Cleve,

Lore Lorentz, die „Primaballerina assoluta" der politischen Satire.

Harald Schmidt, Hugo Egon Balder, Jochen Busse, Volker Pispers, Hanns Dieter Hüsch, Matthias Richling, Mariele Millowitsch und Frank Lüdecke. Lore und Kay Lorenz erhielten mehrfache Ehrungen sowie politische und kulturelle Preise im In- und Ausland. Zu Ehren des Ehepaares wurde dem Platz vor dem „Kom(m)ödchen" 1995 der Name „Kay-und-Lore-Lorentz-Platz" gegeben.

In den 1980er-Jahren wurde das Programm des „Kom(m)ödchens" zunehmend als systemstabilisierend kritisiert. Daraufhin verließ Lore Lorentz das Ensemble und bestritt nur noch Soloprogramme. Unter anderem trat sie mit Texten von Heine, Kästner und Tucholsky in Erscheinung und war als Schauspielerin erfolgreich. Von 1976 bis 1978 lehrte sie mit dem akademischen Titel einer Professorin an der Folkwangschule in Essen Chanson, Song und Musical.

Nach dem Tod ihres Mannes Kay kehrte Lore ans „Kom(m)ödchen" zurück und übernahm dessen Leitung. Doch nur 13 Monate später, am 22. Februar 1994, verstarb Lore Lorentz an einer Lungenentzündung. Seit ihrem Tod wird die Bühne von ihrem Sohn Kay Sebastian Lorentz weitergeführt.

Der Autor

Manfred Schmidt, geboren 1950 in Meiderich, einem Stadtteil von Duisburg, lebt heute in Korschenbroich am Niederrhein. Mit medizinischen Fachbüchern startete er seine ersten Gehversuche als Buchautor. Seine große Passion war von jeher die Geografie.

Mit zahlreichen Buchveröffentlichungen zu geografischen und regionalen Themen hat er sich in den letzten Jahren einen Namen gemacht.

Literatur

Pause, Carl, Spieß, Britta (Hrsg.): Altbier am Niederrhein, Greven Verlag, Köln.

Lercher, Piero, Dr. med., Iser, Dietrich: Spargel, Gesunder Genuss, Wien, 2013, Verlagshaus der Ärzte.

Peters, Leo: Der Niederrhein, Schauplatz europäischer Geschichte, Edition Band 4, Droste Verlag, Düsseldorf.

Duisburger Hafen AG (Hrsg): 300 Jahre Duisburger Hafen, Druck-und Medienhafen GmbH, Essen.

Schmidt, Manfred: Kuriose Plätze in Nordrhein-Westfalen, 2016, Books on Demand, Norderstedt.

Wurzel, Wolfgang Ullrich: Konrad Duden, 2. A., Leipzig, 1985, VEB Bibliographisches Institut Leipzig.

Jörissen, Josef, Pfälzerbund am Niederrhein (Hrsg), 175 Jahre Louisendorf, Chronik eines Pfälzerdorfes am Niederrhein, 1995, Boss, Kleve.

Jung, Hermann, Die Vogelfreien der Bönninghardt, Räuber am Niederrhein, 1999, Mercator-Verlag, Duisburg.

Eidmann, Cornelia, Nusch, Martin, WDR 2, 50 Dinge, Das muss ein Nordrhein-Westfale getan haben, 2011, Zeitgeist Media GmbH, Düsseldorf.

Eidmann, Cornelia, Nusch, Martin, WDR 2, Neue 50 Dinge, Das muss ein Nordrhein-Westfale getan haben, 2013, Zeitgeist Media GmbH, Düsseldorf.

Weinforth, Friedhelm: Campunni - Kempen. Geschichte einer niederrheinischen Stadt, Band I, 1993, Viersen, Dr. Eike Pies Verlag, Sprockhövel.

Ermen, Reinhard, Joseph Beuys, 2007, Rowohlt Verlag GmbH, Reinbek bei Hamburg.

Sikora, Joachim, Nitsche, Hans (Hrsg): Josef Kardinal Frings, Honnefer Akzente, 1996, Katholisch-Soziales Institut der Erzdiozese Köln.

Siemes, Helena, Philips, Gerd: Durch das Jahr, Feste und Gebräuche am Niederrhein, 2001, Mercator-Verlag, Duisburg.

Hosfeld, Rolf: Heinrich Heine, Die Erfindung des europäischen Intellektuellen, 2014, Siedler Verlag, München.

Henle, Robert, J: Theodor Schwann: Nachruf, 2017, Leopold Classic Library.

Günther, Ralf: Der Klever Reichswald: eine kulturhistorische Wanderung, 2014, Rheinischer Verein für Denkmalpflege u. Landschaftsschutz.

Uerscheln, Gabriele, Gruben, Eva, M: Schloss und Park Benrath, 2012, 2.A., Stekovics, J Verlag, Wettin-Löbejün.

Hüsch, Hanns Dieter: Das Schwere leicht gesagt, 2018, Herder Verlag, Berlin.

Schmitt, Günter: Hugo Junkers und seine Flugzeuge, 1986, Transpress Verlag, Stuttgart.

Krücken, Friedrich Wilhelm: Ad maiorem Gerardi Mercatoris gloriam: Eine Aufsatzsammlung zum Leben und Werk Gerhard Mercators, 2018, tredition.

Bornscheuer, Marion: Wilhelm Lehmbruck: Wienands kleine Reihe der Künstlerbiografien, 2018, Wienand Verlag, Köln.

Pilates, Josef, Hubertus: Pilates' Return to Life Through Contrology: Revised Edition for the 21st Century, 2016, Presentation Dynamics Inc, Pompano Beach, Florida, USA.

Haunfelder, Bernd: Nordrhein-Westfalen, Land und Leute, 2006, Aschendorf Verlag, Münster.

Bildnachweis

Einband vorn: Shutterstock/Andreas Wienemann;
Vorsatz: Shutterstock/Frank Kimpfel;
Seite 2/3: Shutterstock/hans engbers;
Seite 5, 79: SWK Stadtwerke Krefeld AG;
Seite 5, 81: Andreas Lechtape, Pfarrgemeinde St. Georg;
Seite 5, 103: Lehmbruck Museum Duisburg, Foto: Jürgen Diemer;
Seite 5, 104/105: A.Savin (Wikimedia Commons · WikiPhotoSpace) - Eigenes Werk, CC BY-SA 3.0, https://commons.wikimedia.org/w/index.php?curid=18099144;
Seite 7: Shutterstock/TunedIn by Westend61;
Seite 11: Von Dat doris - Eigenes Werk, CC BY-SA 4.0, https://commons.wikimedia.org/w/index.php?curid=70058648;
Seite 12/13, Einband hinten links unten: Dieter Echterhoff Schenkenschanz, pressestelle@brd.nrw.de, Autor des Fotos konnte nicht ermittelt werden;
Seite 20: Peter Jung;
Seite 34/35: Von Maarten Takens - Flickr: Die Schwanenburg, CC BY-SA 2.0, https://commons.wikimedia.org/w/index.php?curid=25605918;
Seite 37: gasometer-oberhausen-2019_foto-montage-thomas-machoczek_p5042989__-1;
Seite 41: LVR-Industriemuseum Miriam Schmalen;
Seite 53, Einband hinten rechts: Impression of Landschaftspark Duisburg-Nord at blue hour. Quelle: Martin Falbisoner - Eigenes Werk, CC BY-SA 3.0, https://commons.wikimedia.org/w/index.php?curid=31425698;
Seite 54/55: Krischerfotografie;
Seite 57: Duisburger Hafen, © duisport, Hans Blossey;
Seite 59: Von Frank Vincentz - Eigenes Werk, CC BY-SA 3.0, https://commons.wikimedia.org/w/index.php?curid=18914186;
Seite 61: © traberfoto-sx;
Seite 63: Fotograf: Heinz Schoemaker, Rechte: Sparkasse Rhein-Maas;
Seite 71: Rheinisches Schützenmuseum Neuss, Herr Dr. Frommert;
Seite 73: Von Philipp Beckers - Veilchendienstagszug 2014, CC BY-SA 2.0, https://commons.wikimedia.org/w/index.php?curid=31799536;
Seite 74/75: Markus Schmidt (Sio Motion);
Seite: 82/83: Von Rolf Cosar - Eigenes Werk, CC BY-SA 4.0, https://commons.wikimedia.org/w/index.php?curid=69626282;
Seite 85: Von Herbert Horche - Eigenes Werk, CC BY-SA 4.0, https://commons.wikimedia.org/w/index.php?curid=43595482;
Seite 89, Einband hinten links oben: Foto Axel Thünker DGPh;
Seite: 92/93: Von Wolfgang Tekook - Eigenes Werk, CC BY 2.5, https://commons.wikimedia.org/w/index.php?curid=1006772;

Seite 95: Von Bert Kaufmann from Roermond, Netherlands - Inspiration II, CC BY-SA 2.0, https://commons.wikimedia.org/w/index.php?curid=24299845;
Seite 99: Tuxyso / Wikimedia Commons, CC BY-SA 3.0, https://commons.wikimedia.org/w/index.php?curid=26600421;
Seite 100/101: Von Michael and the Birds - Eigenes Werk, CC BY-SA 3.0, https://commons.wikimedia.org/w/index.php?curid=39951859;
Seite 107: Gerd Lange;
Seite 109: Ad Meskens - Eigenes Werk, CC BY-SA 4.0, https://commons.wikimedia.org/w/index.php?curid=78295226;
Seite 113: Von Archiv der Evangelischen Kirche im Rheinland from Düsseldorf/ Boppard, Deutschland - Josph Beuys - mit Fahrrad auf den Stufen der Kunstakademie Düsseldorf, CC BY-SA 2.0, https://commons.wikimedia.org/w/index.php?curid=50083060;
Seite 117: Von Joost Evers / Anefo - http://proxy.handle.net/10648/aaec25d6-d0b4-102d-bcf8-003048976d84, CC0, https://commons.wikimedia.org/w/index.php?curid=66196478;
Nachsatz: Shutterstock/mitifoto.

Alle weiteren Bilder stammen von Helmi Schmidt.

Impressum

Sutton Verlag GmbH
Arnstädter Straße 8
99096 Erfurt
www.suttonverlag.de

ISBN: 978-3-96303-109-0
Druck: Florjančič Tisk d.o.o. / Slowenien
Gestaltung und Herstellung: Sutton Verlag

Buchhinweise

Manfred Schmidt
Magische Orte am Niederrhein
20 Touren zu Rittern, Schlössern und mystischen Plätzen
14,99 € | ISBN: 978-3-95400-712-7